M&T Gewusst wie!

Endlich im Internet

Elke Dominikat

Endlich im Internet

Markt&Technik Verlag

Die Deutsche Bibliothek – CIP-Einheitsaufnahme

Dominikat, Elke:
Endlich im Internet : „Noch heute bin ich Online! " / Elke
Dominikat. - München: Markt und Technik Verlag, 1999
　　(Gewusst wie!)
　　ISBN 3-8272-5649-6

Die Informationen in diesem Produkt werden ohne Rücksicht auf einen
eventuellen Patentschutz veröffentlicht.
Warennamen werden ohne Gewährleistung der freien Verwendbarkeit benutzt.
Bei der Zusammenstellung von Texten und Abbildungen wurde mit größter
Sorgfalt vorgegangen.
Trotzdem können Fehler nicht vollständig ausgeschlossen werden.
Verlag, Herausgeber und Autoren können für fehlerhafte Angaben
und deren Folgen weder eine juristische Verantwortung noch
irgendeine Haftung übernehmen.
Für Verbesserungsvorschläge und Hinweise auf Fehler sind Verlag und
Herausgeber dankbar.

Fast alle Hardware- und Softwarebezeichnungen, die in diesem Buch erwähnt werden,
sind gleichzeitig auch eingetragene Warenzeichen oder sollten als solche betrachtet
werden.

Umwelthinweis:
Dieses Buch wurde auf chlorfrei gebleichtem Papier gedruckt.
Die Einschrumpffolie – zum Schutz vor Verschmutzung – ist aus
umweltverträglichem und recyclingfähigem PE-Material.

10　9　8　7　6　5　4　3　2　1

04　03　02　01　00

ISBN 3-8272-5649-6

© 2000 by Markt&Technik Verlag,
ein Imprint der Pearson Education Deutschland GmbH,
Martin-Kollar-Straße 10-12, D-81829 München/Germany
Alle Rechte vorbehalten
Einbandgestaltung: Parzhuber+Partner, München
Umschlagfoto: Andreas Reiter, München
Lektorat: Birgit Ellissen, bellissen@pearson.de
Herstellung: Anja Zygalakis, azygalakis@pearson.de
Satz: mediaService, Siegen
Druck und Verarbeitung: Media-Print, Paderborn
Printed in Germany

Inhaltsverzeichnis

Hier erfahren Sie etwas über die Geschichte und den Aufbau des Internets, wie es das geworden ist, was es momentan ist. Vermutlich möchten Sie gleich »loslegen« und E-Mails schreiben oder im Netz surfen, und das sollen Sie auch. Deshalb ist dieser Einstieg so kurz wie möglich gehalten; Sie können ihn auch zunächst einmal überspringen, um sich nach einem ersten Ausflug in die Praxis erneut damit zu beschäftigen.

Die Idee des Internets

Kein Tag vergeht, an dem nicht die Begriffe »Datenautobahn«, »Informations-Highway« oder »Weltweites Netz« in den Medien auftauchen. Das Internet ist in aller Munde. Doch was versteht man überhaupt unter dem Begriff »Internet«?

Das Internet ist ein globales Netzwerk mit mehreren Millionen Rechnern, das Millionen von Anwendern in die Lage versetzt, miteinander Daten (und Gedanken) auszutauschen. Damit der Datenaustausch funktioniert, wird ein gemeinsames Protokoll, das TCP/IP (engl. *Transmission Control Protocol/Internetworking Protocol*) verwendet. Das Verfahren ist vergleichbar mit dem Einsatz einer für alle verständlichen Sprache. Mit Hilfe von TCP/IP ist es möglich, dass jeder Rechner im Internet mit jedem anderen in einen Dialog treten kann, wobei die Entfernung keine Rolle spielt. In diesem Umfeld entstanden und entstehen noch immer zahlreiche Ideen, wie diese Daten zu strukturieren und zu präsentieren sind. Ziel ist dabei immer, Ihnen den Umgang mit dem Internet so einfach wir nur irgend möglich zu gestalten. Sie sollen den größtmöglichen Nutzen aus dem Netzwerk als Ganzem ziehen.

Aufgrund dieser zahlreichen Erweiterungen und Verbesserungen ist das Internet zum universellen Kommunikationsmedium herangereift, dessen Möglichkeiten vom Einloggen in einen entfernten Rechner über die Abfrage multimedialer Informationen bis hin zur Online-Videokonferenz reichen.

Das Internet kann für zahlreiche Anwendungen genutzt werden. Im Laufe der Zeit haben sich die folgenden Internet-Dienste als besonders nützlich erwiesen und stetig an Bedeutung gewonnen:

Dienst	Bedeutung
WWW	Das World Wide Web, WWW oder schlicht Web genannt, ist der bekannteste Dienst. Er ermöglicht die Übertragung multimedialer, verknüpfter Dokumente. Das WWW hat dem Internet zu seiner jetzigen Bedeutung verholfen, da die Inhalte grafisch dargestellt werden können und per Mausklick bequem abzurufen sind. Kennzeichnend für die einzelnen Seiten im WWW ist ihre thematische Verknüpfung, das heißt, über Hyperlinks kann von Information zu Information »gesprungen« bzw. gesurft werden (siehe Kapitel 4).

Dienst	Bedeutung
E-Mail	E-Mail steht für engl. *Electronic Mail* (elektronische Post) und dient dem Austausch von Kurzmitteilungen zwischen den Internet-Teilnehmern. Übertragen werden können neben einfachen Nachrichten auch Bilder oder Sound- und Video-Dateien und anderes mehr. E-Mails lassen sich mit einem sogenannten Mail-Programm lesen und schreiben. Mit dem Netscape Messenger oder Microsoft Outlook beispielsweise (siehe Kapitel 7) können Sie E-Mails empfangen und versenden.
FTP	Mit dem *File Transfer Protocol (FTP)* lassen sich Dateien zwischen einem Server und einem Client, d.h. von einer fernen Datenquelle auf den eigenen PC, übertragen. Die Verzeichnisstrukturen eines FTP-Servers ähneln denen auf einer lokalen Platte.
Usenet	Das Usenet bietet sogenannte Newsgroups an, in denen jeder allen übrigen Teilnehmern Nachrichten, sogenannte *News*, hinterlassen kann. Auf diese Weise entsteht eine globale Diskussion zu Tausenden von verschiedenen Themen, also eine gigantische Wissensdatenbank (siehe Kapitel 8). Das Usenet wird mit sogenannten Newsreadern genutzt, die oft im Lieferumfang von Mail-Programmen (etwa Netscape Messenger, Microsoft Outlook, Outlook Express) enthalten sind oder per Browser direkt im WWW aufgerufen werden, etwa bei Web.de (unter http://netnews.web.de).
Telnet	Telnet ermöglicht es, sich bei einem entfernten Server anzumelden. Der eigene Rechner dient dann als textorientiertes Terminal für den entfernten Server.

▶ Hyperlink

Ein Hyperlink, auch Link, Verweis oder Querverweis genannt, lässt sich mit der Maus anklicken, um weitere Informationen anzuzeigen. Ein Link kann auf eine Grafik oder Textstelle auf derselben oder auf einer anderen Seite verweisen und wird in der Regel unterstrichen dargestellt. Das Anklicken verschiedener Links und das Weiterlesen auf anderen Websites bezeichnet man als »Surfen«.

Generell kann das Internet für beliebige Formen der Datenübertragung genutzt werden. So ist es möglich, Ton und bewegte Bilder in Echtzeit zu übertragen oder auch über das Internet zu telefonieren. Entsprechende Anwendungen lassen sich meist kostenlos aus dem Internet herunterladen. In den folgenden Kapiteln finden Sie die wichtigsten und bekanntesten Anwendungen vorgestellt.

Geschichtlicher Hintergrund – der Erfolg des Internets

Anfangs war das Internet nicht kommerziell ausgerichtet. Die Aussage, dass das Internet zunehmend zu einem neuen profitorientierten Marktplatz verkommt, haben Sie sicherlich schon häufiger gehört. Überzeugen Sie sich am besten selbst, inwieweit solche Befürchtungen zutreffen oder eben nicht. Lassen Sie sich ein auf das vergnügliche, unermesslich interessante Abenteuer!

Doch zurück zum wissenschaftlichen Ursprung des Internets: Es entwickelte sich aus dem ARPANET (engl.: *Advanced Research Projects Agency NETwork*), das 1969 als dezentrales militärisches Netz und Forschungsnetz konzipiert wurde. Es sollte auch im Falle eines Krieges bei Ausfällen von Verbindungen und Knoten weiterhin funktionieren. Deshalb setzt sich das Internet noch immer aus vielen kleinen, voneinander unabhängigen Netzen zusammen. Jeder Rechner im Netz kann mit jedem anderen im Netz eingebundenen Rechner kommunizieren. Dabei gibt es keine Hierarchien. Jedes Teilnetz ist sowohl technisch, organisatorisch als auch finanziell unabhängig. Zudem gibt es keine zentrale Verwaltung oder Koordination.

Bereits 1973 wurde auch außerhalb der USA an der Vernetzung teilgenommen. So ließen sich nicht nur die amerikanischen Universitäten in das ARPANET einbinden, sondern auch Organisationen in Großbritannien und Norwegen. Seit Mitte der 80er Jahre wächst das Internet explosionsartig. Die Zahl der Anwender steigt sprunghaft an.

1990 wurde das ARPANET eingestellt, da überflüssig geworden. Seine Funktionen übernahmen das NSFNET (eine nationale wissenschaftliche Stiftung) und natürlich das Internet.

Anfangs war die eingesetzte Benutzeroberfläche sehr spartanisch gestaltet. Zum Aufruf von Programmen und Funktionen waren Befehle des Betriebssystems Unix erforderlich. Als Übertragungsprotokoll wurde schließlich TCP/IP gewählt, das für den Auf- und Abbau von Verbindungen zuständig ist, den Datenfluss steuert und zudem die Vollständigkeit der Übertragung sicherstellt. Hingegen ist IP für die Adressierung und Organisation der zu versendenden Daten zuständig, weshalb die Daten für die Übertragung in einzelne Datenpakete aufgeteilt und beim Empfänger wieder zu Dateien zusammengefügt werden.

Für das Zusammenwachsen der einzelnen Netze zeichnet TCP/IP verantwortlich, und dies hat den Erfolg des Internets erst ermöglicht. Heutzutage macht den wesentlichen Bestandteil des Internets das World Wide Web aus.

Entwicklung des World Wide Web

1993 wurde am CERN in Genf das Hypermedia-System World Wide Web entwickelt. Damit einher ging die Entwicklung von HTML. Beide, WWW und HTML, bedingen einander. Das Forschungszentrum für Teilchenphysik gilt somit als »Mutter« des Web.

▶ **HTML**

Die Beschreibungssprache HTML (HyperText Markup Language) bestimmt die Struktur eines Textes, nicht jedoch sein eigentliches Layout. Wie eine Website tatsächlich dargestellt wird, bestimmt der jeweilige Browser, mit dem die Seite angeschaut wird. So kann ein und dieselbe Seite von einem Microsoft-Browser anders dargestellt werden als von einem Netscape-Browser.

Auch wenn das World Wide Web nur einen Bereich des Internets ausmacht, sind diese beiden Begriffe mittlerweile miteinander verschmolzen. So ist heutzutage mit »Internet« zumeist das WWW gemeint.

Einer der wichtigsten und revolutionärsten Gründe für die große Beliebtheit des Web ist seine Plattformunabhängigkeit. Mit dem Web ist Wirklichkeit geworden, was sich viele Anwender gewünscht hatten: Gleichgültig mit welcher Software, unter welchem Betriebssystem und mit welcher Hardware ein Dokument erstellt wird, es ist für alle Interessenten auf deren eigenen Rechnern abrufbar.

> ### ▶ Browser
>
> Als Browser werden Anwendungen bezeichnet, mit deren Hilfe sich die multimedialen Angebote im Internet anzeigen lassen. Die bekanntesten Browser stammen von den Software-Herstellern Microsoft und Netscape.

Struktur des Internets

Um die Struktur des Internets zu veranschaulichen, zieht man gern den Vergleich mit der Netzstruktur eines Fischernetzes oder eines traditionellen Einkaufsnetzes heran. Jeder einzelne Knoten ist nicht isoliert, sondern mit verschiedenen Punkten im Netzwerk verbunden. Fällt ein Knoten aus, ist er defekt oder einfach nicht erreichbar, stehen immer noch jede Menge Umleitungen zur Verfügung. Um aber im Wirrwarr der Knoten und Knotenpunkte nicht das Ziel aus den Augen zu verlieren, besitzt jeder an das Internet angeschlossene Computer eine eindeutige Adresse, unter der er zu erreichen ist. Diese Adresse ist die IP-Adresse, wobei IP für *Internetworking Protocol* steht.

Das Internet setzt sich also aus einer Vielzahl von Rechnern zusammen. Da diese Rechner verschiedene Dienste anbieten, werden sie auch als Server bezeichnet. Mehrere dieser Rechner bzw. Server werden wiederum zu einem Bereich bzw. einer *Domain* (Domäne) zusammengefasst. Daraus ergibt sich die typische Struktur von Internet-Adressen.

www.mut.de

bezeichnet beispielsweise den Rechner mit dem Namen www aus der Domain mut.de. Die Domain kann sich aus beliebig vielen Teilen zusammensetzen, wobei durch den letzten Teil die sogenannte Top-Level-Domain angegeben wird, die das Internet grob strukturiert.

> ### ▶ Top-Level-Domain
>
> Die Top-Level-Domain, also der letzte Teil des Domain-Namens, gibt das Land an, in dem der Rechner steht. Die USA spielt hier eine Sonderrolle, da dort schon in der Top-Level-Domain eine weitere Unterteilung vorgenommen wurde (siehe nächsten Abschnitt).

Bei der Datenübertragung werden allerdings nicht die für Anwender einfacher zu merkenden Rechner- und Domain-Namen verwendet, sondern 32 Bit lange Adressen, die sogenannten IP-Adressen. Die Adressen bestehen aus vier, jeweils durch einen Punkt getrennten Zahlen von 0 bis 255. Eine typische IP-Adresse ist zum Beispiel:

192.167.60.5

Um die IP-Adresse in den entsprechenden Rechner- und Domain-Namen umzusetzen, ist ein sogenannter Name-Server (DNS, Domain Name Server) nötig. In den meisten Fällen sind IP-Adresse und Name eines Servers gleichwertig und können wahlweise angegeben werden. Sie können also auch statt der Adresse die Zahlenkombination der IP-Adresse in das Adressfeld Ihres Browsers eingeben. So lautet beispielsweise die IP-Adresse des Markt&Technik Verlags 195.180.245.42 und die offizielle Internet-Adresse http://www.mut.de.

▶ **Adresse (URL)**

Mit der Adresse einer Website ist üblicherweise ihre URL gemeint, d.h. ihre vollständige Internet-Adresse. URL steht für engl. »Uniform Ressource Locator« (einheitlicher Quellenbestimmer).

Dienste und Top-Level-Domains

Wenn Sie auf Daten im Internet zugreifen wollen, müssen Sie nicht nur die Adresse des Rechners kennen, auf dem die Daten liegen, sondern auch den Dienst, über den die Daten erreichbar sind. Um eine spezielle Information im Internet zu beschreiben, wird deshalb der sogenannte URL verwendet. So bezeichnet zum Beispiel:

ftp://ftp1.muenchen.de

den Rechner ftp1 in der Domäne muenchen.de, auf den über den FTP-Dienst zugegriffen wird. Hinter der Domäne kann das Dokument noch genau spezifiziert werden, so dass sich eine komplette URL z.B. folgendermaßen zusammensetzt:

http://www.sueddeutsche.de/sonnenfinsternis/intronew.htm

Im Folgenden finden Sie einige Top-Level-Domains aufgeführt. Diese Kürzel verraten, wo die Datenreise hinführt bzw. welchem Land sich der entsprechende Server verbunden fühlt.

Europäische Top-Level-Domains

Land (Europa)	Kennung
Belgien	be
Bulgarien	bg
Deutschland	de
Dänemark	dk
Finnland	fi
Griechenland	gr

Land (Europa)	Kennung
Großbritannien	uk
Irland	le
Italien	lt
Liechtenstein	li
Luxemburg	lu
Niederlande	nl
Norwegen	no
Österreich	at
Polen	pl
Portugal	pt
Russland	ru
Schweden	se
Schweiz	ch
Slowenien	sl
Spanien	es
Tschechische Republik	cs

Außereuropäische Top-Level-Domains

Außereuropäische Länder	Kennung
Chile	cl
China	cn
Hong Kong	hk
Israel	il
Japan	jp
Kanada	ca
Mexico	mx
Neuseeland	nz
Singapur	sp
Südafrika	za
Thailand	th
Taiwan	tw
USA	us – meistens werden jedoch andere Top-Level-Domains verwendet.

In den USA gebräuchliche Top-Level-Domains

Rubriken	Kennung
commercial (kommerziell)	com
educational (Bildung und Erziehung)	edu
government (Regierung)	gov
military (militärisch)	mil
network (Internet-Provider)	net
organisation (nicht profitorientierte Organisation)	org

▶ **Tipp**

Wenn Sie wissen möchten, welche Domains bzw. URLs mit der Top-Level-Domain »·de« bereits vergeben sind, können Sie dies unter http://www.nic.de erfragen. Die in Karlsruhe ansässige Organisation DE-NIC verwaltet und vergibt in Deutschland die Domains.

Logo des De-Nic

World Wide Web und HTML

Wie bereits festgestellt, ist heutzutage meist das World Wide Web gemeint, wenn vom Internet die Rede ist. Und dies, obwohl das Web nur einer von vielen Diensten im Internet ist. Aber das WWW stellt nicht nur die Informationen am schönsten und vielfältigsten dar, sondern integriert dank ausgefeilter Software, wie z.B. dem Internet Explorer oder dem Navigator, auch alle anderen Internet-Dienste.

Das Web besteht aus Dokumenten, die in HTML abgefasst sind. Mittels HTML und mit Hilfe eines Browsers ist es möglich, Text, Bilder und Grafiken in ansprechenden Layouts darzustellen, ähnlich wie in einer modernen Textverarbeitung. Mittlerweile lassen sich auch Videos, Sound-Dateien oder andere Multimedia-Elemente integrieren.

Das Besondere an HTML-Dokumenten ist, dass sie Verweise bzw. Links (auch »Hyperlinks« genannt) auf andere Dokumente enthalten können. Durch einen Mausklick auf den Link lädt der Browser das entsprechende Dokument. Dabei spielt es keine Rolle, wo dieses

Dokument im Internet gespeichert ist. Da sich ein Verweis auf eine komplette URL bezieht, kann auf diese Art auch auf andere Internet-Dienste verwiesen werden.

Seit seiner Einführung hat sich das WWW rasant weiterentwickelt. Während es anfangs nur dazu gedacht war, wissenschaftliche Texte besser zu strukturieren, wird es heute auch genutzt, um multimediale Information mit Text, Bild, Ton und Video zu verbreiten.

Die Erstellung von HTML-Dokumenten ist übrigens keine große Kunst. Inzwischen sind eine Vielzahl leistungsfähiger Editoren, z.B. Microsoft Frontpage, Netscape Composer oder Homesite verfügbar, die beim Design von HTML-Dokumenten oder ganzen Websites helfen.

```
Quelle von: http://www.sueddeutsche.de/reise/ - Netscape

<!DOCTYPE HTML PUBLIC "-//SoftQuad//DTD HoTMetaL PRO 5.0::19980907::extensions to HTML 4.0//E

<HTML>

<HEAD>
<TITLE> SZonNet / Reisejournal </TITLE>
<STYLE TYPE="text/css">
a {text-decoration: none; }
</STYLE>
</HEAD>

<BODY BGCOLOR="#FFFFFF" VLINK="#20B2AA">
<!--ADVERT -->

<TABLE BORDER="0" WIDTH="660" CELLSPACING="0" CELLPADDING="3">
<TR BGCOLOR="EEEEEE">
<TD WIDTH="58"> <P> <BR>
</P>
</TD>
<TD VALIGN="MIDDLE" ALIGN="RIGHT">
<A HREF="http://www.sueddeutsche.de/RealMedia/ads/click_lx.ads/www.sueddeutsche.de/reise/reisejournal.html/
</TD>
```

HTML-Code einer beliebigen Website

Sie sehen hier den Dokumentquelltext einer typischen, in HTML erstellten Webseite. Sie erkennen HTML an den Anweisungen, den Tags, die zwischen geöffneter und geschlossener Klammer stehen. So gibt es für jede Anweisung ein Anfangs- und ein Ende-Tag, die sich in ihrem Inhalt gleichen, wobei das Ende-Tag durch einen Schrägstrich gekennzeichnet ist: <HTML> und </HTML>. Bei ordentlicher HTML-Programmierung enthält jedes HTML-Dokument einen Titel, der beispielsweise so aussieht: <TITLE>Endlich ins Internet</TITLE>.

Der Text und die Zahlen im sogenannten Body-Tag definieren die Hintergrundfarbe und die Farbe der Links. Jedoch können diese von Ihnen meist neu gewählt werden (siehe Kapitel 4). Mit <A HREF=> werden alle Links eingeleitet. So leitet in diesem Beispiel der HTML-Tag

<A HREF="http://www.sueddeutsche.de/RealMedia...">

einen Link auf die Seiten der Süddeutschen Zeitung ein.

> **Schon gewußt?**

Den Aufbau einer Website können Sie sich ansehen, indem Sie **Ansicht/Seitenquelltext** bzw. **Ansicht/Quelltext anzeigen** aufrufen. In der Code-Ansicht der Seite sehen Sie sämtliche versteckte Informationen.

Wenn Sie mehr über den Aufbau von Webseiten erfahren möchten, sollten Sie sich mit HTML-Programmierung beschäftigen. Sie werden feststellen, dass es nicht schwierig und z.B. mit der Programmierung in C++ nicht zu vergleichen ist. Das Motivierende an der intensiveren Beschäftigung mit HTML ist, dass Sie Ihr geschriebenes Programm sofort im Internet Explorer ansehen und ausprobieren können. Sie müssen also nicht warten, bis das Programm endlich abgeschlossen ist, sondern können sofort feststellen, wie weit es gediehen ist und wie es aussieht.

Java

Auch der Begriff »Java« ist aus dem Wortschatz der Internet-Begeisterten nicht mehr wegzudenken. Diese Programmiersprache dient dazu, die Fähigkeiten des Browsers zu erweitern, ohne dass der Anwender viel davon merkt. So werden beispielsweise Animationen nur begrenzt von HTML unterstützt. Statt dessen wird ein unsichtbarer Verweis auf ein Java-Programm, ein sogenanntes Applet, eingetragen. Sobald der Browser das Dokument lädt, wird auch das entsprechende Applet geladen und auf dem lokalen Rechner ausgeführt. Theoretisch sind mit Java beliebig komplexe Anwendungen möglich, was dem World Wide Web ungeahnte Möglichkeiten verleiht.

Java wirft jedoch – zumindest ein theoretisches – Sicherheitsproblem auf. Da Java-Applets auf Ihrem eigenen Rechner ausgeführt werden, bietet sich damit prinzipiell die Möglichkeit, Ihren Rechner zu manipulieren oder Daten von Ihrer Festplatte über das Internet zu verschicken, ohne dass Sie dies merken. Die Java-Entwickler haben sich jedoch bemüht, solche Applets unmöglich zu machen. Eine Grundvoraussetzung für die Einführung und Verbreitung von Java ist, dass Java-Code nach strengen Regeln ablaufen muss, die den direkten Zugriff auf die lokale Hardware ausschließen.

Surfen im Internet

Es bleibt Ihnen überlassen, mit welchem Browser Sie sich die vielen im World Wide Web versteckten Dokumente anzeigen lassen. Sie allein entscheiden sich für eine Version des Microsoft Explorers, Netscape Navigators oder für einen der von den Online-Diensten vertriebenen Browser. Gleichgültig, womit Sie »ins Internet gehen«, Sie werden stets auf Seiten bzw. auf Websites treffen. Diese Sites enthalten in der Regel Verweise auf andere Websites, die sich an beliebiger Stelle im Internet befinden können. Auf diese Weise entsteht eine weltweite Datenbank mit Informationen aus allen nur denkbaren Bereichen des Lebens (siehe Kapitel 4).

> **Schon gewußt?**
>
> Für das, was im WWW gefunden werden kann, kursieren viele Namen: So finden sich neben Website auch die Bezeichnungen Site, Webseite, Homepage, Seiten oder auch Internet-Angebot und Internet-Auftritt, jedoch sind die Unterschiede kaum mehr auszumachen. So wird zwar korrekterweise mit »Homepage« nach wie vor der zu einer Firma oder einer Person gehörende Web-Auftritt bezeichnet, jedoch drückt »Website« dasselbe aus und es wird auch oft in dieser Bedeutung verwendet.

Ausblick – Intranet und Extranet

Im Zuge der weltweiten Vernetzung von Unternehmensservern lag es auf der Hand, auch innerhalb der Unternehmen die Kommunikation und Wissensverbreitung zu verbessern. Die einmal angeschafften Webserver fungieren nun nicht nur als Server für das WWW, sondern auch als Server zur firmeninternen Informationsübermittlung. So erweitern Intranets bisherige unternehmensweite Netzstrukturen.

Informationen werden in Intranets ebenfalls als über Browser abrufbare HTML-Dateien zur Verfügung gestellt. So ist die Kompatibilität mit dem WWW gewährleistet. Allen Mitarbeitern im Unternehmen stehen die im Intranet enthaltenen Informationen jederzeit und überall zur Verfügung. Somit bietet ein Intranet Unternehmen die Möglichkeit, ihre Organisation zu straffen und gleichzeitig die Strukturen, die Kommunikation und die Zusammenarbeit aller zu optimieren. Die Vision vom papierlosen Büro wird damit wieder ein Stück realer. So werden beispielsweise in vielen Call-Centern den Mitarbeitern die notwendigen Informationen ausschließlich via Intranet zur Verfügung gestellt. Durch schnelles und gezieltes Klicken und Surfen wird das Gesuchte sogleich verfügbar.

Von Internet und Intranet ist der Weg nicht mehr weit zum Extranet. Teile der nur innerhalb einer Firma im Intranet existierenden Informationen werden anderen, bewußt ausgewählten Partnern zur Verfügung gestellt. So entstehen firmenübergreifende Netze, die die Zusammenarbeit zwischen den einzelnen Unternehmen effizienter machen. Jedoch stehen Extranets noch am Anfang ihrer Entwicklung.

Wie komme ich ins Internet?

Notwendige Ausstattung

Die Möglichkeiten, ins Internet zu gelangen, beschränken sich mittlerweile nicht mehr nur auf Modem und PC, sondern erweitern sich auf internettaugliche TV-Geräte. Mit einem entsprechenden Fernseher, einer Tastatur und einer Telefonverbindung kann via Web-TV auch im Internet gesurft werden. Allerdings steckt diese Technologie in Deutschland noch in den Kinderschuhen und hat sich bislang nicht weiterverbreitet. Deshalb finden Sie hier auch nur Informationen für die klassischen Wege ins Internet.

Computer

Da das Internet bereits mehrere Jahrzehnte alt ist, stellt es im Grunde keine besonderen Anforderungen an die Hardware. Leider gilt dies nur für den reinen Internet-Zugang, nicht aber für die heute gebräuchliche Internet-Software wie den Internet Explorer oder den Netscape Communicator. Diese haben sich im Laufe der Zeit zu riesigen Programmpaketen entwickelt, die recht hohe Ansprüche an Prozessorleistung und Speicherplatz stellen. Dazu kommen noch die diversen Zusatzprogramme (Plug-Ins) zum Anzeigen multimedialer Inhalte wie Videos und Musik.

Doch führt der rasante Fortschritt bezüglich Hardware dazu, dass praktisch alle aktuell verkauften Computer die Anforderungen für das Internet bei weitem übertreffen. Auch wenn Ihr Rechner bereits etwas älter ist, sollte er dennoch für die aktuelle Internet-Software tauglich sein, sofern er mindestens mit einem Pentium-Prozessor ausgestattet ist.

> ▶ **Tipp**
>
> Wenn Sie einen älteren Rechner verwenden und das Surfen im Internet quälend langsam wird, dann gönnen Sie ihm mehr Hauptspeicher. Dieser ist recht preiswert erhältlich und beschleunigt die Gesamtleistung Ihres Systems beträchtlich.

Telefonanschluss

Vermutlich haben Sie bereits einen Telefonanschluss, entweder einen analogen oder einen ISDN-Anschluss. Mit beiden Anschlussarten können Sie einigermaßen schnell im Internet surfen, wobei der analoge Anschluss der ISDN-Variante bezüglich der Datenübertragungsrate nur noch geringfügig hinterherhinkt.

Wenn Sie das Internet regelmäßig nutzen wollen, lohnt sich ein ISDN-Anschluss. Zum einen ist die Verbindungsaufnahme um ein Vielfaches schneller als beim analogen Anschluss, weshalb Sie schnell online und wieder offline gehen können und letztlich Telefonkosten sparen. Zum anderen kommt ein ISDN-Anschluss immer mit zwei Amtsleitungen, wodurch Sie telefonisch erreichbar bleiben, während Sie im Internet surfen.

Neben ISDN und dem analogen Anschluss spielt zunehmend die *Asynchronous digital subscriber line* (ADSL) eine Rolle. Mit Hilfe dieser Technik lassen sich Daten aus dem Internet gegenüber ISDN acht Mal so schnell laden und in umgekehrter Richtung ist ADSL immerhin noch doppelt so schnell wie ISDN. Die Telekom bietet hierfür einen Tarif an, der bei intensiver Internet-Nutzung recht attraktiv ist (Infos unter http://www.telekom.de).

Zubehör

Neben dem Telefonanschluss benötigen Sie entweder ein Modem für den analogen Zugang oder eine ISDN-Karte für den ISDN-Anschluss. Beides ist für wenig Geld im Handel erhältlich. Wenn Sie das Multimedia-Angebot im Internet nutzen wollen, empfiehlt sich eine Soundkarte, die meistens zur Grundausstattung eines Computers gehört, sowie geeignete Lautsprecherboxen.

> ▶ **Wozu ist ein Modem notwendig?**
>
> Ein Modem ist ein Kästchen (= Hardware), das die digitalen Signale des PC in akustische, d.h. analoge Signale umwandelt. Diese akustischen Signale lassen sich über die analoge Telefonleitung versenden. Das Kunstwort »Modem« setzt sich aus den Begriffen »MODulation« und »DEModulation« zusammen. Bei ISDN-Anschlüssen wird statt des Modems eine ISDN-Karte benötigt.

Wahl des Providers

Gleichgültig, ob Sie die Online-Verbindung per Modem oder per ISDN aufnehmen wollen, in beiden Fällen benötigen Sie einen Internet Service Provider (ISP), kurz Provider genannt. Als Provider bezeichnet man alle Unternehmen oder Institutionen, deren Rechner im Internet eingebunden sind und die nun Zugangsberechtigungen an private oder kommerzielle Interessenten vergeben können. Mittlerweile gibt es eine große Anzahl unterschiedlicher Provider, so dass die richtige Wahl nicht ganz einfach ist.

> ▶ **Schon gewusst?**
>
> Ob Provider, Service-Provider, Internet-Provider alle Begriffe meinen dasselbe, nämlich die Organisation bzw. Firma, bei der Sie einen Online-Anschluss und einen E-Mail-Account gegen Entgelt erwerben können.

Da die Provider ihre Preise oft ändern und ständig versuchen, ihre Anbindung an das Internet zu verbessern, lässt sich hier keine explizite Empfehlung geben. Die Computer-Fachzeitschriften veröffentlichen in regelmäßigen Abständen Vergleichstests über Provider, die Ihnen als Anhaltspunkt dienen können.

Der richtige Provider

Wichtigstes Kriterium bei der Wahl eines Providers ist natürlich der Preis, den Sie für die Verbindung mit dem Internet zahlen. Hier existiert mittlerweile ein ähnlicher Tarifwirrwarr wie bei den Gebühren im Fest- oder Mobilfunknetz. Den größten Kostenblock bilden dabei immer noch die Telefongebühren, die in den meisten Fällen direkt oder indirekt über das örtliche Netz der Telekom abgewickelt werden. Da hier das Telekom-Monopol weitgehend unangetastet blieb, haben sich diese Preise im Gegensatz zu den Fernverbindungsgebühren bisher um keinen Pfennig bewegt.

Die folgende Tabelle zeigt die gebräuchlichen Tarifmodelle für den Internet-Zugang:

Modell	Vorteile	Nachteile
Pauschale Provider-Gebühren ohne Telefongebühren	Je mehr Sie surfen, desto weniger treten die Provider-Gebühren ins Gewicht. Insbesondere können Sie die günstigeren Telefonnebenzeiten nutzen.	Wenn Sie nur gelegentlich im Internet surfen, sind die Internet-Gebühren zu hoch.
Zeitabhängige Internet-Gebühren ohne Telefongebühren	Wenn Sie nur gelegentlich im Internet surfen, zahlen Sie auch nur wenig Gebühren.	Für Vielsurfer kann sich dieses Tarifmodell als Falle entpuppen, da exorbitant hohe Internet-Gebühren anfallen können.
Zeitabhänge Internet-Gebühren inlusive Telefongebühren	In der Hauptzeit fallen praktisch keine Internet-Gebühren neben dem normalen Ortstarif an.	In der Nebenzeit sind die Gebühren wesentlich höher als die normalen Ortstarife.
Pauschalangebot inklusive Telefongebühren	Sie können ihre Internet-Kosten zuverlässig kalkulieren – für Vielsurfer der attraktivste Tarif.	Trotz mehrerer Anläufe hat dieses Modell in Deutschland aus technischen und organisatorischen Gründen, im Gegensatz zu den USA, bisher nicht funktioniert.

Tarifmodelle für Provider

Bei aller Sparsamkeit sollten Sie die Qualität des Providers nicht außer Acht lassen. Die einzelnen Provider unterscheiden sich erheblich in der Geschwindigkeit des Zugangs zum Internet, der Anzahl von Einwahlleitungen, ihrer Zuverlässigkeit und den diversen Zusatzdiensten wie E-Mail, News oder Webspace für die private Homepage. Hilfe bei der Entscheidung bieten hier die bereits erwähnten Computer-Fachzeitschiften.

> ▶ **Vorsicht Falle!**
>
> In Deutschland tobt mittlerweile ein heißer Kampf um die Kunden im Internet-Geschäft. Online-Dienste wie AOL oder T-Online versuchen genauso wie die verschiedenen neuen Telefongesellschaften Kunden zu gewinnen. CD-ROMs mit der entsprechenden Zugangssoftware liegen vielen Zeitschriften bei und versprechen Ihnen, dass Sie mit wenigen Mausklicks im Internet sind. Allerdings werden Sie nach einer kostenlosen Probezeit dann auch entsprechend zur Kasse gebeten. Internet-Neulinge vergessen dies gerne in ihrer Begeisterung über das neue Medium und stehen dann ein paar Wochen später schockiert vor einer Rechnung, die gerne auch mal 1000 DM überschreiten kann.

Die einfachste Möglichkeit ins Internet zu kommen, ist die Methode des Internet-by-Call. Bei diesem neuen Dienst wird die Internet-Nutzung zeitabhängig abgerechnet. Hierzu wählen Sie sich über eine bestimmte Nummer ein und anschließend werden die Gebühren über Ihre normale Telefonrechnung abgerechnet. Eine Anmeldung ist dabei nicht erforderlich.

Internet-by-Call wird von fast allen Telefongesellschaften zu teilweise äußerst attraktiven Preisen angeboten.

Provider und Kunden

Möglicherweise werden Sie sich das eine oder andere Mal an Ihren Provider wenden, sei es, dass Sie Probleme mit der eingesetzten Software haben oder dass Ihre Verbindung fehlerhaft bzw. zu langsam ist. Um sich und dem Provider die Angelegenheit zu erleichtern, sollten Sie die folgenden Hinweise beachten.

- Teilen Sie Ihrem Provider mit, welchen Zugang Sie bei ihm beziehen. Ob es sich um einen analogen Modem- oder einen digitalen ISDN-Zugang handelt. Dementsprechend gestaltet sich die weitergehende Vorgehensweise.

- Am besten ist es, wenn Sie sich stets die Fehlermeldungen Ihres Programms genau notieren.

- Um die Netzauslastung bzw. die Verbindung zu Ihrem Provider zu testen, steht der Tracert-Befehl zur Verfügung. Damit können Sie vorab herausfinden, ob wirklich ein Fehler vorliegt oder ob evtl. das Internet als solches überlastet ist.

Um Tracert anwenden zu können, muss eine Online-Verbindung bestehen.

1. Starten Sie die DOS-Eingabeaufforderung bzw. die DOS-Befehlszeile. Dabei ist es unerheblich, ob die Befehlszeile

```
C:\
C:\WINDOWS\    oder
C:\WIN31\      lautet.
```

2 Geben Sie über die Tastatur *tracert* ein und drücken Sie die ⌨Leertaste.

3 Nun geben Sie die Zeichenfolgen der gewünschten URL ohne das Protokoll (http) ein.

4 Starten Sie die Suche mit ↵. Denkbar ist folgende Suche:
C:\WINDOWS\tracert www.interway.net

```
    MS-DOS-Eingabeaufforderung                                    _ □ ×
   Auto      ▾   ▢  ▣▣ ▤  ▥  ▦▧  A
     (C)Copyright Microsoft Corp 1981-1995.

C:\WINDOWS>tracert www.interway.de

Tracing route to www.interway.de [195.143.134.2]
over a maximum of 30 hops:

  1    38 ms    33 ms    32 ms  tnt.ccn.net [194.64.166.11]
  2    34 ms    33 ms    32 ms  router.munich.netsurf.de [194.64.166.30]
  3    34 ms    33 ms    33 ms  BB2-vl150.Muenchen.is-bone.net [195.180.0.177]
  4    32 ms    32 ms    33 ms  BB1-fe4-1-0.Muenchen.is-bone.net [195.180.2.190]

  5    33 ms    39 ms    32 ms  INXS-s2-0.Muenchen.is-bone.net [195.180.3.46]
  6    34 ms    33 ms    33 ms  rbs-fe0-0.muc.eurocyber.net [194.59.190.18]
  7    73 ms    38 ms    33 ms  bb2-rkp-hsl-0-0.muc.eurocyber.net [195.143.108.1
49]
  8    33 ms    34 ms    41 ms  ca2-rkp-fel-0.muc.eurocyber.net [195.143.108.100
]
  9    41 ms    40 ms    39 ms  interway-gw.leased-line.cybernet-ag.de [195.143.
134.1]
 10    41 ms    40 ms    40 ms  www.interway.de [195.143.134.2]

Trace complete.

C:\WINDOWS>
```

Verfolgung der Anbindung per Traceroute

5 Anschließend erscheint auf dem Bildschirm die zurückgelegte Strecke der Adresse, das heißt, wie viele Stationen zur Übermittlung notwendig sind. Zusätzlich ersehen Sie hier die dazu notwendige Zeit. Anhand dieser Informationen lässt sich leichter abschätzen, ob am eigenen System oder beim Provider etwas nicht funktioniert oder ob man sich mit dem vielbemühten »Stau auf dem Datenhighway« zunächst abfinden muss.

6 Schließen Sie das DOS-Fenster durch Eingabe von *Exit*.

E-Mail-Adresse

Üblicherweise vertreiben Internet-Provider gemeinsam mit ihrem Zugangsangebot auch eine oder mehrere E-Mail-Adressen. Wie Ihre Adresse konkret aussieht, können Sie in Abstimmung mit Ihrem Provider festlegen. Wenn Sie sich beispielsweise für T-Online oder AOL entscheiden, dann könnte die Adresse, unter der Sie zukünftig zu erreichen sind, wie folgt lauten:

m.schulze@t-online.de oder martina99@t-online.de

ralf.mueller@aol.com oder 90ionvideo@aol.com

Wenn Sie das Angebot eines anderen Service-Providers nutzen, dann setzt sich auch dort üblicherweise Ihre Adresse aus Ihrem echten Namen und der Domain des Providers zusammen, wie zum Beispiel:

suzanne.dietrich@munich.netsurf.de oder

lilian.vandale@cybernet.de

> ▶ **Ihren echten Namen als E-Mail.Adresse**
>
> Wenn Sie möchten, dass sich Ihre elektronische Anschrift aus Ihrem echten Vor- und Nachnamen zusammensetzt, dann können Sie sich Ihren Nachnamen als Domain registrieren lassen, vorausgesetzt Ihr Nachnahme ist noch nicht vergeben. Domains können Sie online z.B. unter http://www.puretec.de registrieren lassen.

Nachdem Sie Ihren Internet-Zugang eingerichtet und eine E-Mail-Adresse erhalten haben, können Sie noch andere E-Mail-Adressen im Web erwerben. Die Zahl derer, die neben ihrem üblichen Angebot auch noch E-Mail-Adressen kostenlos anbieten, nimmt täglich zu. Bei diesen Anbietern müssen Sie Ihre Mails online in Ihrem Webbrowser abfragen und erstellen. Dies hat den Vorteil, dass Sie Ihre E-Mails z.B. im Urlaub aus einem Internet-Café abfragen können.

Nachfolgend finden Sie eine Auswahl möglicher Anbieter.

Anbieter	URL	Bemerkung
Yahoo	http://www.yahoo.de	
Netscape Webmail	http://home.netscape.com	Webmail bietet zahlreiche Services, die zum Teil als *Premium Services* kostenpflichtig sind.
Chip	http://www.chip.de/clubmail/	Nur für Abonnenten der Zeitschrift.
Unicum	http://www.unicum.de/mail/	Domain *unicum.de*
Altavista	http://www.altavista.com	
Makrochip	http://makrochip-mail.here.de/	
Verschiedene Adressen	http://www.allerleiinternet.com/ kostenlos/EMail/	Umfangreiches Angebot

Anbieter	URL	Bemerkung
Global Message Exchange	http://www.gmx.de/	GMX erlaubt die kostenlose Weiterleitung von E-Mails an eine beliebige E-Mail-Adresse
Hotmail	www.hotmail.com	
Lycos	http://de.lycosmail.com/member/login.page	Die E-Mail-Adresse lässt sich bilden aus den Domains licosmail.com, iname.com, cheerful.com, cyberdude.com, cybergal.com. techonoligist.com

Anbieter freier Mail-Adressen

Einrichten eines Internet-Zugangs

Um ins Internet zu gelangen, müssen Sie eine Netzwerkverbindung zwischen Ihrem Computer und dem Internet herstellen. Ist diese Verbindung konfiguriert, können sich alle Internet-Programme, also Browser, E-Mail-Software usw. mit dem Internet verbinden.

Konfiguration

Die Internet-Verbindung kann von beliebig vielen Programmen gleichzeitig verwendet werden, es spricht also nichts dagegen, dass Sie Ihre E-Mails abfragen, während Sie eine Datei aus dem Internet laden.

Seitdem das Internet ein Massenmedium wurde, hat die Einrichtung des Internet-Protokolls TCP/IP das meiste von seinem Schrecken verloren. Die Konfiguration wird üblicherweise automatisch von Software-Assistenten vorgenommen, die von den verschiedenen Providern verteilt werden.

Internet – jetzt sofort!

Über eine Internet-by-Call-Nummer können Sie sofort ins Internet – die Gebühren werden anschließend über Ihre normale Telefonrechnung abgerechnet. Bei 01019freenet von MobilCom zahlen Sie beispielsweise pro Minute 5 Pennig inklusive der Telefongebühren (Stand September 1999). Internet-by-Call wird von zahlreichen weiteren Providern angeboten. Auf http://www.internet-by-call.org finden sich etliche Anbieter aufgelistet.

Beispiel: Einrichten eines Internet-by-Call-Zugangs

An dieser Stelle wird der Internet-Zugang anhand der Internet-by-Call-Nummer von MobilComs 01019freenet beschrieben. Sie richten Ihren Internet-Zugang gemäß der folgenden Schritte ein:

1 Installieren Sie Ihr Modem oder Ihre ISDN-Karte wie in der Anleitung des Geräts beschrieben. Achten Sie insbesondere bei ISDN-Karten darauf, dass nicht nur die ISDN-Software-Schnittstelle CAPI für Fax und Datenübertragung, sondern auch die Unterstützung für eine Netzwerkverbindung (WAN) installiert ist.

2 Auf Ihrem Windows-Desktop öffnen Sie durch Doppelklicken den Ordner *Arbeitsplatz*.

3 Dann doppelklicken Sie auf den Ordner *DFÜ-Netzwerk*.

4 Im Menü *Verbindungen* wählen Sie die Option *Neue Verbindung erstellen*, woraufhin ein Assistent gestartet wird.

5 Geben Sie der neuen Verbindung einen Namen, z.B. »01019freenet«.

6 Wählen Sie ein Gerät aus der Liste. Wenn Sie ein Modem verwenden, sollte sich ein entsprechender Eintrag in der Liste befinden. Bei ISDN-Karten wählen Sie einen Zugang über PPP aus. Falls sich kein Eintrag für Ihre ISDN-Karte in der Liste befindet, ist Ihre ISDN-Karte nicht korrekt installiert. In diesem Fall installieren Sie Ihre ISDN-Karte erneut. Klikken Sie auf die Schaltfläche *Weiter*.

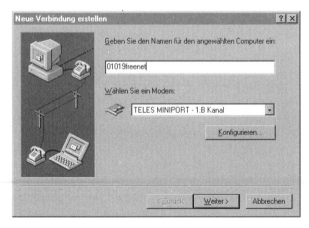

Festlegen der Verbindungsart

7 Auf der nächsten Seite des Assistenten geben Sie die Telefonnummer mit »01019« unter *Ortsvorwahl* und »01929« unter *Rufnummer* ein. Klicken Sie anschließend auf *Weiter* und im nächsten Dialogfenster auf die Schaltfläche *Fertig stellen*.

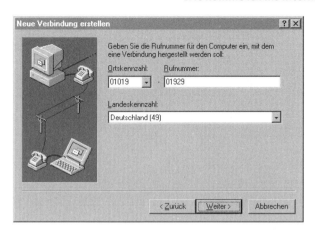

Eintragen der Rufnummer des Providers

8 Die neue Verbindung wird anschließend im Ordner *DFÜ-Netzwerk* angezeigt. Klikken Sie mit der rechten Maustaste auf den Namen der Verbindung und wählen Sie aus dem Kontextmenü die Option *Eigenschaften*.

9 Im Eigenschaftenfenster wechseln Sie auf die Registerkarte *Servertypen* und deaktivieren die Einstellungen *Am Netzwerk anmelden*, *Softwarekomprimierung aktivieren*, *NetBEUI* und *IPX/SPX-kompatibles Protokoll*. Schließen Sie das Eigenschaftenfenster, indem Sie auf *OK* klicken.

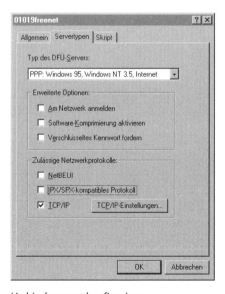

Verbindungsart konfigurieren

10 Doppelklicken Sie auf das Symbol der neu erstellten DFÜ-Vebindung, um sie zu aktivieren. Tragen Sie unter *Benutzername* und *Kennwort* beliebigen Text ein, aber achten Sie darauf, einen Namen und ein Kennwort zu vergeben, da leere Felder nicht akzeptiert werden. Klicken Sie auf *Verbinden*.

Verbindungsaufbau mit 01019freenet

11 Bei erfolgreicher Verbindungsaufnahme sind Sie mit dem Internet verbunden. Sie trennen die Verbindung, indem Sie auf das DFÜ-Symbol in der Taskleiste doppelklicken und auf die Schaltfläche *Trennen* klicken.

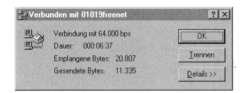

Dialogfenster zum Auf- und Abbau einer Internet-Verbindung

Wie wird Internetsoftware installiert und konfiguriert?

Wenn Sie die Klippen der Provider-Wahl und der Konfiguration des Internet-Zugangs erfolgreich umschifft haben und mit dem Internet verbunden sind, können Sie Daten mit Millionen von Rechnern austauschen, die dem Internet angeschlossen sind. Um mit diesen Daten etwas anfangen zu können, benötigen Sie spezielle Software.

Welche Internet-Software gibt es?

Der Browser – das Fenster zum Internet

Anzeigen von Webseiten im Browser (Netscape Navigator)

Die wichtigste und am häufigsten benötigte Software im Internet ist zweifelsohne der Browser (von engl. *to browse,* d.h. »stöbern, blättern«). Der Browser stellt die Informationen, die Sie aus dem Internet laden, auf dem Bildschirm dar. In den meisten Fällen handelt es sich dabei um Texte und Bilder, die über die Seitenbeschreibungssprache HTML (*Hypertext Markup Language,* dt. Auszeichnungssprache für Hypertext) formatiert werden. Diese »Webseiten« prägen gewissermaßen das Gesicht des Internets.

Für Informationen, die nicht in HTML formuliert sind, benötigt der Browser Hilfe in Form sogenannter Plug-Ins oder externer Informationen. Solche Informationen können z.B. Videos, Musik oder Dateien von Anwendungsprogrammen wie Word oder Excel sein. Informationen, mit denen der Browser nichts anfangen kann oder für die kein passendes Plug-in bzw. kein geeignetes Anwenderprogramm installiert ist, werden als Dateien auf der Platte gespeichert. Auf diese Weise laden Sie z.B. Software aus dem Internet »herunter«.

Der »richtige« Browser

Im Prinzip haben Sie die Auswahl zwischen zwei verschiedenen Browsern: dem Netscape Communicator und dem Microsoft Internet Explorer. Daneben gibt es noch den Browser Opera, der zwar relativ wenig verbreitet ist, sich aber steigender Beliebtheit erfreut.

Unter Windows 98 und neueren Windows-95-Installationen ist der Internet Explorer 4 bzw. 5 vorinstalliert. Unter Windows NT steht standardmäßig nur der Internet Explorer 2 zur Verfügung, der im praktischen Einsatz weitgehend unbrauchbar ist.

Die meisten Provider bieten eine CD mit einer aktuellen Browser-Version an, die Sie auf Ihrem Rechner installieren können. Die folgende Tabelle zeigt, wo Sie im Internet die jeweils neueste Browser-Software finden können:

Browser	URL
Netscape Communicator	http://home.netscape.com
Microsoft Internet Explorer	http://www.microsoft.de
Opera	http://www.opera.com

Laden der Browser aus dem Internet

Der Netscape Navigator und der Internet Explorer sind kostenlos, für Opera wird eine Registrierungsgebühr erhoben.

Alle aktuellen Browser eignen sich gleichermaßen gut, um im Internet zu surfen, so dass persönliche Vorlieben bei der Browser-Wahl entscheidend sind. Sie können auch mehrere verschiedene Browser gleichzeitig betreiben und so vielleicht ihren »Lieblingsbrowser« herausfinden.

E-Mail-Programme

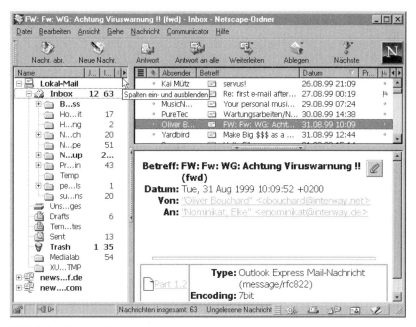

E-Mails im Netscape Communicator

Etliche Firmen bieten E-Mail-Postfächer an, die ausschließlich über den Browser bedient werden können, nicht zuletzt, um Werbung einblenden zu können. Diese web-basierten E-Mail-Postfächer haben den Vorteil, dass sie weltweit ohne speziell konfigurierte Software verwendet werden können. Dafür müssen Sie allerdings zum Lesen und Schreiben von E-Mails online sein, was mit höheren Kosten verbunden ist. Alternativ können Sie erst einmal Ihren E-Mail-Text in einem Text-Editor schreiben und dann per Drag&Drop in die E-Mail kopieren.

Viele Provider bieten ein sogenanntes POP3-Postfach an, für das Sie ein spezielles E-Mail-Programm benötigen. Dieses verschiebt neu eingegangene E-Mails aus dem Postfach beim Provider auf Ihren Rechner. Auf diese Weise lassen sich E-Mails offline lesen und schreiben.

Der Netscape Communicator integriert mit dem Messenger ein solches E-Mail-Programm. Im Lieferumfang des Internet Explorers befindet sich mit Outlook Express ebenfalls ein E-Mail-Programm. Prinzipiell hat das E-Mail-Programm nichts mit dem Browser zu tun, so dass Sie auch eines der folgenden Programme verwenden können:

Programm	URL	Bemerkung
Outlook 97, 98, 2000		Integriert E-Mail mit Kalender und Adressbuch.
Lotus Notes	Http://www.lotus.de	Komplexe, äußerst leistungsfähige Software mit vielen Zusatzanwendungen, die für den privaten Gebrauch kostenlos erhältlich ist.
ICQ	Http://www.icq.com	Siehe Kapitel 10.
StarOffice	Http://www.star-divison.com	Komplettes Office-Paket mit integrierter E-Mail-Funktion, das für den privaten Gebrauch kostenlos erhältlich ist.
Weitere Programme	Http://www.tucows.com	Hier finden Sie zahlreiche weitere E-Mail-Programme (vgl. auch Kapitel 7, *Verschiedene E-Mail-Programme*).

E-Mail-Programme

▶ Outlook vs. Outlook Express

Outlook 97, 98 bzw. 2000 und Outlook Express teilen sich lediglich den Namen – haben aber sonst nicht viel gemeinsam. Während das »große« Outlook neben der E-Mail-Funktion Terminplaner, Adressbuch und vieles mehr umfasst, bietet Outlook Express nur die E-Mail-Funktion, ein einfaches Adressbuch und die Möglichkeit News zu lesen. Letztere fehlt wiederum in Outlook 97, 98 und 2000 (bzw. wird bei Outlook 98 gesondert mitgeliefert). Beide Programme greifen für die Speicherung von E-Mails und Adressen auf unterschiedliche Datenbanken zu, so dass die parallele Verwendung von Outlook und Outlook Express recht verwirrend sein kann.

Mehr Internet-Software

Neben dem Browser und dem E-Mail-Programm gibt es zahlreiche weitere Internet-Software für die verschiedensten Aufgaben.

Anwendung	Software
News (siehe Kapitel 8)	Netscape Messenger, Outlook Express, Forté Agent (http://www.forte.com)
Chat	ICQ (siehe Kapitel 10), mIRC (siehe Kapitel 9), AOL Instant Messenger
Musik (siehe Kapitel 13)	RealPlayer, WinAmp

Anwendung	Software
Video (siehe Kapitel 12)	RealPlayer, QuickTime
Multimedia-Präsentationen (siehe Kapitel 4)	Shockwave

Verschiedene Internet-Software

Installation von Internet-Software

Installation des Netscape Navigators über ein automatisches Installationsprogramm

Die Installation von Internet-Software bereitet im Allgemeinen keine Probleme, da sie meist vollautomatisch über ein Installationsprogramm durchgeführt wird. Die meisten Internet-Programme werden dabei in Form einer einzigen Datei geliefert, die Sie durch Doppelklicken ausführen. Dadurch wird das Installationsprogramm gestartet. Nach der Installation können Sie die ursprüngliche Datei löschen oder für eine spätere Verwendung aufheben und z.B. auf CD brennen.

Microsoft und einige andere Software-Hersteller bevorzugen inzwischen eine andere Installationsmethode, bei der Software in einem Durchgang aus dem Internet geladen und installiert wird. Dabei führt man ein relativ kleines Installationsprogramm aus, das dann die benötigten Daten aus dem Internet oder von einer CD lädt.

> ▶ **Schon gewusst?**
>
> Der Internet Explorer versteht sich nicht als gewöhnliche Anwendung, sondern als integraler Bestandteil von Windows. Aus diesem Grund können Sie den Internet Explorer nicht mehr deinstallieren. Zudem werden eine Reihe von Veränderungen an Ihrem Windows-System vorgenommen.

Konfigurieren des Browsers

Nach der Einrichtung des Internet-Zugangs (siehe Kapitel 2) und gegebenenfalls der Installation des Browsers können Sie eigentlich sofort loslegen. Sowohl der Netscape Communicator als auch der Internet Explorer erlauben jedoch einige wichtige Einstellungen, auf die in diesem Abschnitt kurz eingegangen wird.

Verbindung über einen Proxy

Proxies sind spezielle Rechner, die zwischen Ihren Rechner und das Internet geschaltet werden. Viele Provider richten einen solchen Proxy zur Zwischenspeicherung (engl. *caching*) von Daten ein. Dadurch müssen Daten, auf die häufig zugegriffen wird, nicht mehr aus dem Internet geladen werden, sondern sie können direkt vom Proxy an ihren Rechner geschickt werden. Mit Hilfe von Proxies lässt sich unter Umständen erheblich viel Zeit und Geld sparen.

Die zweite Aufgabe eines Proxy kann die Kontrolle des Datenverkehrs sein. Insbesondere in Firmennetzwerken werden Proxies dabei als sogenannte Firewalls (Brandschutzmauern) eingesetzt, um unerlaubte Zugriffe aus dem Internet auf interne Daten zu verhindern. Umgekehrt wollen viele Firmen den Zugriff ihrer Mitarbeiter auf das Internet einschränken. In solchen Fällen ist die Konfiguration eines Proxy Pflicht, da andernfalls nicht im Internet gesurft werden kann.

Informationen über den einzustellenden Proxy erhalten Sie von Ihrem Provider oder Ihrem Netzwerkadministrator.

So geht's im Netscape Communicator

 Wählen Sie im Menü *Bearbeiten* die Option *Einstellungen*.

 Doppelklicken Sie nun auf der linken Seite auf den Ordner *Erweitert* und anschließend auf den Ordner *Proxies*.

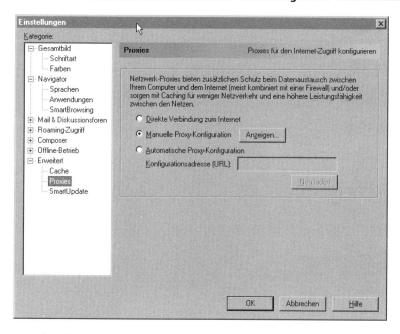

Einstellen des Proxy im Netscape Communicator

 In den meisten Fällen müssen Sie die Proxy-Einstellungen manuell vornehmen. Markieren Sie hierzu die Einstellung Manuelle Proxy-Konfiguration und klicken Sie anschließend auf die Schaltfläche Anzeigen.

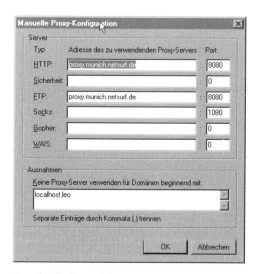

Angabe der Proxy-Adressen

4 Tragen Sie die Adressen der Proxy-Server in die Eingabefelder des Dialogfensters *Manuelle Proxy-Konfiguration* ein.

So geht's im Internet Explorer

1 Öffnen Sie die Systemsteuerung, indem Sie im Startmenü die Option Einstellungen und im Untermenü Systemsteuerung wählen.

2 Doppelklicken Sie auf das Symbol *Internet*.

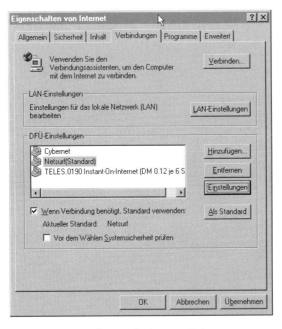

Die Internet-Einstellungen des Internet Eplorers

3 Im Internet Explorer können Sie für jede DFÜ-Verbindung eigene Proxy-Einstellungen festlegen. Markieren Sie hierzu die gewünschte Verbindung und klicken Sie auf Einstellungen.

Die Proxy-Einstellungen des Internet Explorers

In der Regel ist es ausreichend, wenn Sie die Verwendung eines Proxy-Servers aktivieren und anschließend die Adresse des Proxy in das Eingabefeld eintragen. Klikken Sie auf die Schaltfläche *Erweitert*, wenn Sie verschiedene Proxies für die einzelnen Internet-Protokolle verwenden wollen.

Startseite

Sowohl der Netscape Communicator als auch der Internet Explorer definieren eine bestimmte Internet-Adresse, die angezeigt wird, sobald Sie den Browser öffnen. Dies ist üblicherweise entweder die Netscape- bzw. Microsoft-Homepage oder die Homepage des Providers, von dem Sie den Browser erhalten haben (siehe Kapitel 4, *Startseite festlegen*).

Wenn Sie sich über ein Modem oder eine ISDN-Karte mit dem Internet verbinden lassen und nicht über eine feste Internet-Verbindung verfügen, dann ist es sinnvoll, dass beim Start des Browsers eine Seite geladen wird, die auf der Festplatte Ihres Rechners gespeichert ist. So sparen Sie sich oftmals eine ungewollte Verbindungsaufnahme.

Sicherheitseinstellungen

Vergessen Sie beim Surfen im Internet nicht, dass Ihr Rechner ein vollwertiger Teil eines Netzwerks ist. Andere Internet-Teilnehmer können genauso auf Ihren Rechner zugreifen, wie Sie es beispielsweise beim Laden einer Webseite tun. Kapitel 14 geht genauer auf dieses Thema ein.

Auch wenn immer wieder Sicherheitslöcher aufgedeckt werden, gelten der Netscape Communicator und der Internet Explorer als sichere Internet-Software. Beide erlauben auch unterschiedliche Sicherheitsstufen. Hier gilt: Je sicherer Sie Ihren Browser machen, desto mehr Internet-Angebote bleiben Ihnen verschlossen, da die darauf verwendeten Techniken von Ihrem Browser abgelehnt werden.

So geht's im Netscape Navigator

1 ▶ Wählen Sie im Menü *Bearbeiten* die Option *Einstellungen*.

2 ▶ Wählen Sie im linken Bereich den Eintrag *Erweitert*.

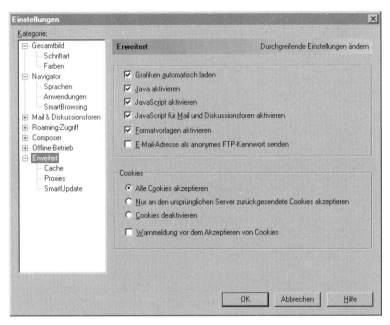

Die Sicherheitseinstellungen des Netscape Navigators

Hier finden Sie die folgenden Einstellungen:

Einstellung	Auswirkung
Grafiken automatisch laden	Keine Sicherheitseinstellung, da von Grafiken keine Gefahren ausgehen. Bei sehr langsamen Internet-Verbindungen wird durch diese Einstellung nur ein Platzhalter angezeigt. Allerdings sind viele Websites ohne Grafiken nicht mehr bedienbar.
Java akzeptieren	Akzeptiert Java-Applets. Dies kann ein Sicherheitsrisiko sein (siehe Kapitel 14).
JavaScript akzeptieren	Akzeptiert JavaScript-Code in Webseiten. Dies kann ein Sicherheitsrisiko sein (siehe Kapitel 14).

Einstellung	Auswirkung
JavaScript für Mail und Diskussionsforen akzeptieren	Akzeptiert Java-Applets in empfangenen E-Mails und Newsgroup-Artikeln. Dies kann ein Sicherheitsrisiko sein und wird auch gerne von Scherzbolden für nervende Effekte genutzt (siehe Kapitel 14).
Formatvorlagen aktivieren	Aktiviert Formatvorlagen (*Cascading Style Sheets*, CSS). Dies ist kein Sicherheitsrisiko.
E-Mail-Adresse als anonymes FTP-Kennwort senden	Gibt Ihre E-Mail-Adresse bei der Anmeldung an den FTP-Server bekannt. FTP-Server werden oft zur Übertragung größerer Dateien verwendet. Bei der Anmeldung wird nach einer lockeren Konvention die E-Mail-Adresse als Kennwort vergeben. Ist diese Einstellung nicht aktiviert, sendet der Netscape Communicator eine ungültige E-Mail-Adresse.
Alle Cookies akzeptieren	Akzeptiert alle Cookies. Cookies stellen kein Sicherheitsrisiko dar, erlauben aber unter gewissen Umständen Ihre Identifikation im Internet (siehe Kapitel 14).
Nur an den ursprünglichen Server zurückgesendete Cookies akzeptieren	Akzeptiert nur Cookies, die an den Server zurückgesendet werden, von dem sie kommen. Dies verhindert, dass Informationen von einer Website an eine andere via Cookies weitergereicht werden.
Cookies deaktivieren	Akzeptiert keine Cookies. Ohne Cookies funktionieren viele Websites allerdings nicht.
Warnmeldung vor dem Akzeptieren von Cookies	Blendet eine Meldung ein, wenn Sie ein Cookie erhalten haben. Da manche Websites Cookies intensiv verwenden, kann diese Einstellung recht störend sein.

So geht's im Internet Explorer

Der Internet Explorer besitzt 4 vorkonfigurierte Sicherheitsstufen, die Sie auf vier Zonen verteilen können.

 Öffnen Sie die *Internetoptionen*, indem Sie *Internet* aus der Systemsteuerung oder *Internetoptionen* im Menü *Extras* im Internet Explorer auswählen.

 Wechseln Sie auf die Registerkarte *Sicherheit*.

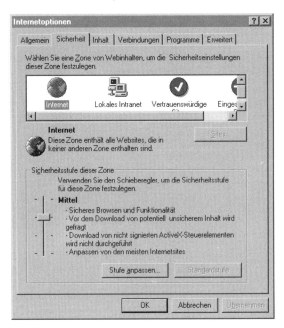

Die Sicherheits-Einstellungen des Internet Explorers

Von den im oberen Bereich aufgelisteten Zonen ist in der Regel nur die *Internet*-Zone von Bedeutung. Mithilfe des Reglers im unteren Bereich passen Sie die Sicherheitsstufe an. Über der Schaltfläche *Stufe anpassen* öffnen Sie ein Dialogfeld, indem Sie explizit einstellen, welche Inhalte Sie in Ihrem Browser zulassen wollen.

Wie bediene ich den Browser?

Bei der Entwicklung der verschiedenen Browser-Typen wurde darauf geachtet, Ihnen den Umgang damit so einfach wie möglich zu gestalten. So sind alle Hersteller stolz darauf, dass sich ihre Produkte nahezu intuitiv bedienen lassen. Das trifft im Grunde auch zu, doch um den Browser effektiv einzusetzen und das Surfen im Internet so angenehm wie nur eben denkbar zu machen, sind ein paar weiterreichende Kenntnisse hilfreich.

Verbindung aufnehmen und Browser starten

Um im Internet surfen zu können, müssen Sie natürlich online sein. Stellen Sie dazu eine Internet-Verbindung her, indem Sie entweder aus dem DFÜ-Ordner die gewünschte Verbindung doppelklicken oder Ihren Browser starten und auch die Internet-Verbindung automatisch erfolgen lassen. Um wieder offline zu gehen, wählen Sie zunächst im Menü *Datei* die Option *Offline/Offline arbeiten* bzw. *Offlinebetrieb* und trennen anschließend die Online-Verbindung. Zumindest im Internet Explorer stehen Ihnen die während der Online-Sitzung besuchten Webseiten auch offline zur Verfügung.

Surfen – wie geht das?

Sie surfen durch das World Wide Web, indem Sie in der Adresszeile Ihres Browsers eine beliebige Web-Adresse eintragen und dann die Taste ⏎ drücken. Alternativ können Sie eine URL aus Ihrer Lesezeichenliste wählen oder einem Sucheintrag folgen (beides weiter unten erläutert). Wenn Sie das angezeigte Angebot interessiert und Sie ein ähnliches aufrufen wollen, dann klicken Sie auf die Schaltfläche *Verwandte Objekte* bzw. *Wechseln zu* und der Browser sucht automatisch nach weiteren passenden Webseiten. Diese Funktion lässt sich zwar momentan recht passabel einsetzen, wird aber sicherlich mit neueren Browser-Versionen perfektioniert werden.

Adresse eingeben

Damit Sie im Internet ein Web-Angebot finden können, müssen Sie dessen genauen Standort, d.h. die Adresse im Web kennen. Jede Homepage hat ihre eigene eindeutige Adresse, unter der nur sie zu erreichen ist. Diese Adresse wird in einheitlicher Form als sogenannter *Uniform Ressource Locator* (URL) formuliert und weist grundsätzlich die folgende Struktur auf:

[protokoll]://[server].[domäne]:[port]/[dokument]

Die Teile haben folgende Bedeutung:

Bestandteil	Bedeutung
[protokoll]	Gibt an, in welcher Form das Internet-Angebot vorliegt. Im World Wide Web heißt das Protokoll http, für FTP-Dateien entsprechend ftp. Alle Browser nehmen standardmäßig http an, wenn kein anderes Protokoll angegeben wird. Dies bedeutet, dass Sie in der Adresszeile des Browsers kein *http://* eingeben müssen (siehe weiter unten).
[server].[domäne]	Gibt den Rechnernamen an, auf dem das Dokument zu finden ist. Dies ist die einzige Angabe in einer URL, die unbedingt nötig ist, um ein Angebot finden zu können.
[port]	Gibt den sogenannten TCP-Port mit einer ganzen Zahl von 1 bis 65535 an. In den meisten Fällen wird der Port vom Server automatisch korrekt gesetzt, so dass er nicht angegeben werden muss.
[dokument]	Bezeichnet das Dokument auf dem Server. In vielen Fällen handelt es sich dabei um einen Dateipfad in der Unix-Schreibweise mit nach rechtsweisenden Schrägstrichen (/) statt Backslashes (\).

▶ **Achtung**

Bei der Eingabe einer Internet-Adresse sollten Sie sich vergewissern, dass Sie die Adresse korrekt eingegeben haben, da der Server möglicherweise zwischen Groß- und Kleinschreibung unterscheidet. Zwar wird die Domain immer richtig erkannt, nicht aber das, was nach dem Schrägstrich kommt. So besteht beispielsweise ein Unterschied zwischen http://www.ops-verlag.de/reisefuehrer und http://www.ops-verlag.de/Reisefuehrer.

Theoretisch kann eine URL beliebig gebildet werden, dennoch werden bestimmte Konventionen beachtet:

- Der Name des Rechners [server] heißt für einen Webserver meistens www. Analog heißt er für einen FTP-Server meistens ftp, beispielsweise ftp://ftp.microsoft.com.

- [domäne] weist die Form [firmenname].[top-level-domäne] auf. Die Top-Level-Domäne teilt das Internet grob in folgende Bereiche auf:
  de bezeichnet Server deutscher Anbieter.
  com, edu, mil, gov bezeichnet US-amerikanische Server aus dem kommerziellen, universitären, militärischen und öffentlichen Bereich (siehe Kapitel 1).
  Alle Top-Level-Domänen mit zwei Buchstaben entsprechen je einem Land.

- URLs können sehr lang werden, da sie auch Programmaufrufe enthalten können, die mit verschiedenen Parametern agieren.

Querverweise

Wann immer Sie auf einer Webseite einen unterstrichenen Text sehen, können Sie darauf klicken und Sie werden auf eine weitere Seite geführt. Solche speziell gekennzeichneten Textstellen werden Links oder Hyperlinks genannt und machen nicht zuletzt die Faszination des Surfens aus, da man sich durch Anklicken der Links von Angebot zu Angebot hangeln kann und dabei nicht mehr linear, wie beim Lesen eines Buches, sondern sprunghaft durch das Anbot geht.

▶ Schon gewusst?

Wenn Sie den Mauszeiger über ein Bild oder eine Grafik bewegen und er sein Aussehen in eine Hand umwandelt, dann handelt es sich bei der entsprechenden Abbildung um einen Link. Klicken Sie auf den Link, um das entsprechende Angebot anzusehen.

Mehrere Browser-Fenster öffnen

Um effektiv zu surfen, empfiehlt es sich, mehrere Browser-Fenster geöffnet zu haben und in diesen gleichzeitig Web-Adressen aufzurufen. Wählen Sie dazu im Menü *Datei* die Optionen *Neu/Navigator-Fenster* bzw. *Neu/Fenster* und tragen Sie in die Adresszeilen der zusätzlich geöffneten Browser die gewünschte Adresse ein.

▶ Tipp

Wenn Sie eine Web-Adresse korrekt eingegeben haben und sich dennoch das Angebot nicht zeigt, könnte es daran liegen, dass der Server, auf dem das Angebot zu Hause ist, gerade gewartet wird. Versuchen Sie es dann einfach zu einem späteren Zeitpunkt noch einmal. Auch kann es sein, dass die Adresse in der Form nicht mehr existiert. In einem solchen Fall entfernen Sie alle Zeichen, die sich rechts von der Domain (siehe Kapitel 1) befinden, um zu versuchen, zumindest die erste Seite des Angebots zu erreichen.

Netscape Navigator und Internet Explorer

Die Browser-Typen von Microsoft und Netscape ähneln einander, so dass nachfolgend die Symbolleisten beider Programme einander gegenüber gestellt werden, um Gemeinsamkeiten und Unterschiede zu verdeutlichen.

Im Netscape Navigator gibt es die Navigations-Symbolleiste, in der die wichtigsten Optionen der einzelnen Menüs im schnellen Zugriff parat stehen. Im Internet Explorer werden mittlerweile verschiedene Bereiche des Programms unter dem Oberbegriff »Symbolleisten« zusammengefasst, aber auch hier gibt es eine Standardleiste, die die wichtigsten Menübefehle in Form von Symbolschaltflächen bereitstellt.

Netscape Navigator	Internet Explorer	Bedeutung
Zurück	Zurück	Zeigt die zuletzt gezeigte Seite an. Die Seite wird dabei nicht neu geladen, sondern direkt aus dem Speicher aufgerufen. Die Ladezeit ist kürzer, als wenn die Seite neu aufgerufen werden müsste. Durch wiederholtes Klicken auf diese Schaltfläche werden zuvor angezeigte Seiten in rückwärtiger Reihenfolge wieder aufgerufen.
Vor	Vorwärts	Zeigt die Seite an, die vor dem Anklicken von *Zurück* im Browser zu sehen war.
Stop	Abbrechen	Bricht den Ladevorgang der aktuellen Seite ab. Dabei werden nur diejenigen Elemente dargestellt, die bereits geladen wurden. Wenn der Aufbau einer Seite sehr lange dauert, empfiehlt sich oft ein Klick auf die Stop- bzw. Abbruch-Schaltfläche.
Neu laden	Aktualisieren	Lädt die gerade angezeigte Seite neu. Sowohl bei einer unvollständigen Übertragung als auch bei häufigen Änderungen kann es erforderlich sein, die Website explizit neu zu laden, damit das Angebot bzw. die Änderungen ersichtlich sind.
Anfang	Startseite	Zeigt beim Starten des Browsers eine bestimmte Website an, die in den Einstellungen bzw. Internetoptionen festgelegt werden kann (siehe später in diesem Kapitel). Bei manchen als Werbemittel vertriebenen Browser-Versionen lässt sich diese Einstellung nicht ändern.
Suchen	Suchen	Der Netscape Button ruft das Netscape-eigene Angebot zum Finden von Informationen auf. Netscape setzt auf: Excite, Lycos, Infoseek, Web.de und Firewall. Der Suchen-Button von Microsoft öffnet in die Explorerleiste diverse Suchmöglichkeiten (siehe Kapitel 5).
Lesezeichen	Favoriten	Der Navigator klappt eine Liste mit Lesezeichen auf, während der Internet Explorer die Explorerleiste mit den Favoriten einblendet (siehe später in diesem Kapitel).
ohne Button heißt hier *History*	Verlauf	Blendet die Explorerleiste ein, in der die zuletzt aufgerufenen Websites nach Datum sortiert aufgelistet sind. Für welche Zeitspanne diese Anzeige gelten soll, lässt sich in den Internetoptionen (siehe später in diesem Kapitel) bestimmen.
ohne Button	E-Mail	Ruft das E-Mail-Programm und ein E-Mail-Fenster auf, das als Standardprogramm eingerichtet wurde (siehe Kapitel 6).
Drucken	Drucken	Druckt die im Browser aktuell angezeigte Webseite aus. Netscape Navigator öffnet zuerst noch das Dialogfenster *Drucken*, während der Internet Explorer den Ausdruck ohne Umschweife beginnt.
ohne Button	Bearbeiten	Öffnet eine Anwendung zum Bearbeiten der aktuellen Webseite. Das gewünschte Programm lässt sich in den Internetoptionen (siehe später in diesem Kapitel) festlegen.
Sicherheit	ohne Button	Ruft die Sicherheitsinformationen auf (siehe Kapitel 14).
Guide	Links »	Netscape und Microsoft bieten hier eine Auswahl interessanter Websites an.

Im Netscape Navigator lassen sich die Symbolleiste und die anderen Leisten ein- und ausblenden, indem Sie im Menü *Ansicht* die Option *Anzeigen* und dann die gewünschte Leiste wählen. Alternativ klicken Sie die kleinen Pfeile an, dies sich jeweils links an der Leiste befinden. Im Internet Explorer wählen Sie im Menü *Ansicht* die entsprechenden Optionen.

Hilfsprogramme – Plug-ins

Beim Surfen im Internet werden Sie immer wieder einmal auf Websites treffen, die Sie mit Ihrem Browser allein nicht betrachten können. Oft werden Sie dann dazu aufgefordert, das betreffende Hilfsprogramm sogleich zu laden, um in den vollen Genuss des Angebots zu kommen. Meist können Sie sich entscheiden, ob Sie die Website auch ohne das betreffende Plug-in begutachten oder ob Sie die gewünschte Software zuerst auf Ihrem Rechner installieren wollen. Entscheiden Sie sich von Fall zu Fall, was Ihnen angenehmer ist bzw. ob Sie das Plug-in jetzt wirklich brauchen.

In diesem Abschnitt lernen Sie einige der gebräuchlichsten Plug-ins kennen, die Sie sich installieren sollten, um die multimedialen Seiten des Internets auskosten zu können.

Live 3D

http://home.netscape.com/eng/live3d/

Von Netscape unterstütztes Plug-in für multimediale 3D-Animationen. Mit Hilfe der Sprache VRML (engl. *Virtual Reality Modeling Language*) entstehen virtuelle Welten, die mit Live3D lebendig werden.

MacZilla

http://maczilla.com

Leistungsfähiges Plug-in zum Übertragen von verschiedenen Audio- und Videoformaten, wie AU, WAV, MPG und AVI. Bei der Installation des Internet Explorers ist das Format AVI bereits integriert.

Shockwave

http://www.shockwave.com

Mit der Software Macromedia Director lassen sich animierte Bilder, Töne und Interaktionen erzeugen. Shockwave ist ein beliebtes und weit verbreitetes Plug-in, mit dem sich Multimedia erleben lässt. Statten Sie Ihren Rechner damit aus und staunen Sie, wie quirlig sich Webseiten präsentieren. Die Website von Shockwave ist überwiegend englischsprachig, jedoch werden Sie an manchen Stellen auch deutschsprachigen Text vorfinden.

Da die ausführende Datei *shockwave.exe auf Ihren* Rechner geladen wird, empfiehlt es sich, sie auf Viren zu prüfen (siehe Kapitel 14).

Rufen Sie die Macromedia-Website auf und klicken Sie auf den Shockwave-Button, um das Plug-in herunterzuladen. Es ist für Windows 95/98 und NT gleichermaßen tauglich.

 Schließen Sie alle Fenster Ihres Browsers und beenden Sie ebenfalls alle anderen laufenden Programme. Sie werden in einem Dialogfenster gefragt, wohin Sie die EXE-Datei speichern wollen. Tragen Sie das gewünschte Verzeichnis ein.

 Nach erfolgreichem Download doppelklicken Sie auf die Datei *shockwaveinstaller.exe*. Anschließend lassen Sie sich von einem Installationsassistenten durch die verschiedenen Dialogfenster führen. Sie bestimmen nicht nur, welchem Browser Shockwave per Standard beigefügt werden soll, sondern Shockwave wünscht hier auch die Registrierung, bei der Sie Ihren Namen und Ihre korrekte E-Mail-Adresse angeben.

 Anschließend wird der Installationsvorgang abgeschlossen, indem Ihr Standardbrowser automatisch geöffnet und die Website von Shockwave angesteuert werden. Dieser Vorgang kann einige Zeit in Anspruch nehmen.

Die Installation von Shockwave

 Sie werden abschließend aufgefordert, auf die Schaltfläche *Los* zu klicken, um die Funktionstüchtigkeit von Shockwave zu testen. Wenn Sie den eingespielten Film hören und sehen können, dann ist die Installation erfolgreich abgeschlossen.

 Sie werden außerdem von Shockwave per E-Mail eine Mitgliedsnummer und ein Kennwort erhalten, womit Sie sich dann auf der englischsprachigen Website registrieren können.

Weitere Plug-ins

Zur Wiedergabe von Audio- und Videodaten gibt es noch weitere, interessante Tools, die in diesem Buch in den entsprechenden Kapiteln behandelt werden. Der Vollständigkeit halber werden sie hier kurz erwähnt.

Plug-in	Beschreibung
Quicktime Player	Im Web weit verbreitete Software zur Wiedergabe von Videos und Audiosequenzen (siehe Kapitel 12).
RealPlayer	Software zur Wiedergabe von Audio- und Videodaten (siehe Kapitel 12).
Media Player	Microsoft-Software zur Wiedergabe von Audio- und Videodaten (siehe Kapitel 12).
Winamp	Player zur Wiedergabe von Audiodaten (siehe Kapitel 13).

Favoriten und Lesezeichen

Sowohl im Netscape Navigator als auch im Internet Explorer können Sie sich umfangreiche Listen mit den Websites anlegen, die Ihnen wichtig sind. Netscape nennt diese Funktion *Lesezeichen* oder englisch *bookmark*, während diese Listen bei Microsoft *Favoriten* heißen. Die Lesezeichen und Favoriten werden von beiden Programmen in einem bestimmten Ordner auf der Festplatte gespeichert. In Netscape ist dies der Ordner *Users* und die Lesezeichendatei heißt bookmark.htm.

In Microsoft hingegen werden die Favoriten üblicherweise im Windows-Verzeichnis einzeln gespeichert. Der Internet Explorer legt darin einen Ordner namens *Favoriten* an und darin werden alle Web-Adressen gespeichert. Beachten Sie, dass diese Art der Speicherung sehr schnell sehr viel Platz auf Ihrer Festplatte verbrauchen kann.

> ▶ **Tipp**
>
> Wenn Sie sicher gehen wollen, dass Sie Ihre Lesezeichen und Favoriten nicht verlieren, dann sichern Sie die entsprechende Datei an anderer Stelle auf Ihrer Festplatte bzw. auf einer Diskette. Zusätzlich steht Ihnen eine Online-Verwaltung zum Sichern Ihrer Lesezeichen zur Verfügung: http://www.oneview.de.

Dem Hinzufügen neuer Lesezeichen sind im Grunde keine Grenzen gesetzt und Sie sollten von dieser Möglichkeit auch häufig Gebrauch machen. Allerdings macht das Surfen viel mehr Spaß, wenn diese Web-Adressen vernünftig organisiert sind. Wenn zu viele Favoriten unorganisiert aufgenommen werden, dann verschwindet leider der praktische Nutzen des persönlichen Adressarchivs.

Anlegen von Lesezeichen und Favoriten

Üblicherweise wird die Adresse einer Website dann in die Liste der Lesezeichen bzw. Favoriten aufgenommen, wenn sie aktuell im Browser-Fenster angezeigt wird. Sie können aber auch explizit eine Website aufrufen und sie dann in die Liste aufnehmen, beispielsweise wenn Sie einen Eintrag aus der History (siehe Abschnitt weiter unten) hinzufügen wollen.

Sowohl Netscape als auch Microsoft statten ihre Browser bereits mit jeder Menge nützlicher und weniger nützlicher Lesezeichen aus. Entscheiden Sie selbst, welche davon für Sie von Interesse sind. Die anderen löschen Sie aus der Liste.

So geht's mit Netscape Navigator

1. Um ein Web-Angebot Ihrer Lesezeichenliste hinzuzufügen, surfen Sie zur gewünschten Website, klicken auf die Schaltfläche Lesezeichen und wählen die Option Lesezeichen hinzufügen. Alternativ wählen Sie im Menü Communicator die Optionen Lesezeichen/Lesezeichen hinzufügen.

2. Um die neue Website in die Liste der Lesezeichen gleich bei Aufnahme richtig einzuordnen, wählen Sie die Option Lesezeichen ablegen und aus dem Untermenü den gewünschten Ordner.

So geht's mit Microsoft Internet Explorer

1. Im Internet Explorer steuern Sie die gewünschte Website an und wählen im Menü Ansicht die Optionen Explorerleiste/Favoriten. Alternativ klicken Sie auf den Button Favoriten, woraufhin die Explorerleiste erscheint.

2. In der Explorerleiste klicken Sie auf die Schaltfläche Hinzufügen, die das Dialogfenster Zu Favoriten hinzufügen aktiviert.

3. In diesem Dialogfenster lässt sich der neue Eintrag in die Favoritenliste einordnen. Geben Sie im Feld neben *Name* den Text ein, der später im Menü *Favoriten* erscheinen soll. Standardmäßig wird dabei der Titel des Dokuments aus der Titelleiste des Internet Explorers verwendet. Beachten Sie, dass der Titel nicht in allen Fällen aussagekräftig ist und Sie ihn deshalb erweitern bzw. ändern sollten.

4. Klicken Sie auf die Schaltfläche *Erstellen in,* um die Web-Adresse in den passenden Ordner zu stellen.

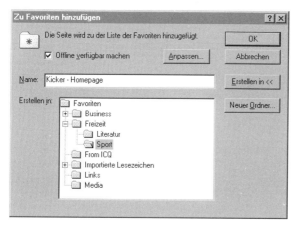

Anlegen und Organisieren der Favoriten im Internet Explorer

Organisieren von Lesezeichen und Favoriten

Beide Browser ermöglichen Ihnen eine sinnvolle Organisation der Lesezeichen bzw. Favoriten. Sie können diese sowohl online als auch offline in Ordner verschieben, neue Ordner erstellen oder alte löschen.

So geht's mit Netscape Navigator

1 Um eine Adresse in einen neuen Ordner zu verschieben, klicken Sie diese an und verschieben Sie per Drag&Drop an die gewünschte Stelle.

2 Um einen neuen Ordner zu erstellen, markieren Sie die gewünschte Stelle und wählen im Menü *Datei* die Option *Neuer Ordner...* Alternativ klicken Sie mit der rechten Maustaste auf den betreffenden Ordner, in den der neue eingefügt werden soll und wählen aus dem Kontextmenü die Option *Neuer Ordner...*

3 *Im Dialogfenster Lesezeicheneigenschaften geben Sie dem neuen Ordner einen Namen und fügen gegebenenfalls noch eine Beschreibung hinzu.* Schließen Sie das Fenster durch Klicken auf OK.

4 Sie löschen eine Adresse aus einem Ordner, indem Sie sie markieren und (Entf) drücken. Alternativ wählen Sie im Menü Bearbeiten die Option Löschen. Das Löschen von Ordnern erfolgt genauso, wobei keine Sicherheitsabfrage erfolgt. Glücklicherweise lässt sich versehentliches Löschen durch Auswahl von Rückgängig im Menü Bearbeiten wieder ungeschehen machen, solange noch keine andere Aktion erfolgt ist.

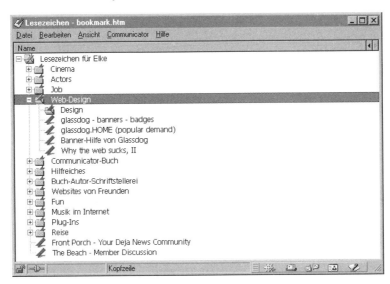

Organisieren von Lesezeichen im Navigator

 Die Eigenschaften eines Lesezeichens lassen sich durch Auswahl von *Lesezeichen-eigenschaften* im Menü *Bearbeiten* genauer betrachten: Name, Adresse und eine eventuelle Beschreibung finden sich hier.

Genauere Beschreibung eines Lesezeichens

So geht's mit Microsoft Internet Explorer

 Sie organisieren Ihre Favoriten, indem Sie im Menü Favoriten die Option Favoriten verwalten wählen. Alternativ klicken Sie bei geöffneter Explorerleiste auf die Schaltfläche Verwalten. Es erscheint das Dialogfenster Favoriten verwalten.

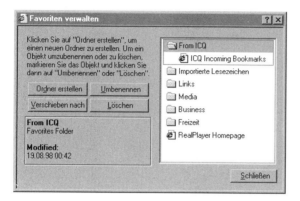

Dialogfenster zum Organisieren der Favoriten

 Um einen neuen Ordner zu erstellen oder ihn umzubenennen oder zu löschen, klicken Sie die gleichnamige Schaltfläche an. Um einen Favoriten in einen anderen Ordner zu verschieben, klicken Sie auf Verschieben nach und entscheiden sich in dem neu erscheinenden Fenster, wohin der Eintrag verschoben werden soll.

 Speichern Sie die Änderungen, indem Sie auf die Schaltfläche Schließen klicken.

Die Startseite festlegen

Wenn Sie den Browser für eine Internet-Sitzung neu aufrufen, erscheint zuerst eine bestimmte Website. Üblicherweise können Sie selbst festlegen, welche Website da anfangs erscheinen soll. Falls Sie Ihren Browser als Werbegeschenk erhalten haben, kann es sein, dass die Möglichkeit der freien Startseitenwahl deaktiviert wurde. In einem solchen Fall bleibt Ihnen nichts anderes übrig, als sich entweder mit dem als Startseite eingetragenen Angebot abzufinden oder aus dem Internet einen neuen Browser zu laden (siehe Kapitel 3).

▶ **Schon gewusst?**

Die eingestellte Startseite ist für die Browser-Hersteller oder Ihren Provider bares Geld wert. Die meisten Anwender ändern diese Einstellung nämlich nicht, was zu vielen Zugriffen auf die jeweilige Homepage führt. Dort wird meistens Werbung geschaltet, deren Preis abhängig von der Anzahl der Zugriffe auf die jeweilige Seite ist.

So geht's mit Netscape Navigator

1 Im Navigator wählen Sie im Menü *Bearbeiten* die Option *Einstellungen...*, woraufhin sich das Dialogfenster *Einstellungen* öffnet.

2 Klicken Sie in der linken Spalte auf *Navigator*.

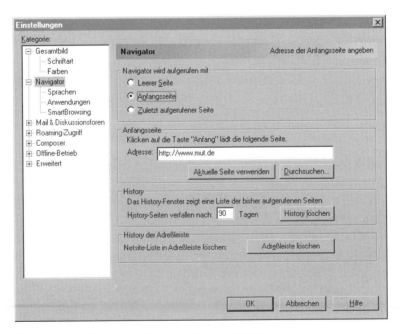

Einstellung der Startseite im Netscape Communicator

3 Unterhalb von *Navigator wird aufgerufen mit* wählen Sie die gewünschte Möglichkeit aus, indem Sie den zugehörenden Radioknopf markieren. Zur Auswahl stehen *Leerer Seite*, *Anfangsseite*, *Zuletzt aufgerufener Seite*.

4 Unterhalb von *Navigator wird aufgerufen mit* wählen Sie die gewünschte Möglichkeit aus, indem Sie den zugehörenden Radioknopf markieren. Zur Auswahl stehen *Leerer Seite, Anfangsseite, Zuletzt aufgerufener Seite*.

5 Im Feld von *Anfangsseite* bzw. *Klicken auf die Taste »Anfang« lädt die folgende Seite* tragen Sie die Adresse der gewünschten Website ein, gegebenenfalls klicken Sie auf den Button *Durchsuchen*.

6 Speichern Sie die Einstellungen durch Klicken auf den Button *OK*.

So geht's mit Microsoft Internet Explorer

1 Im Internet Explorer wählen Sie im Menü *Extras* die Option *Internetoptionen*, woraufhin das gleichnamige Dialogfenster erscheint.

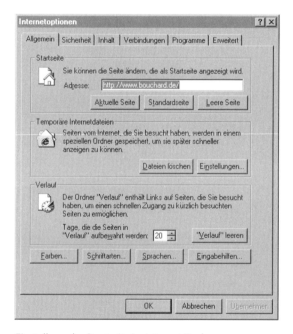

Einstellung der Startseite im Internet Explorer

2 Auf der Registerkarte *Allgemein* tragen Sie im Feld von *Startseite* die gewünschte Adresse ein.

Legen Sie durch Klicken auf den entsprechenden Button fest, ob der Browser mit der soeben eingetragenen Website starten soll (*Aktuelle Seite*) oder mit der Microsoft-Website (*Standardseite*). Der Button *Leere Seite* öffnet den Browser ohne voreingestellte Seite.

 Speichern Sie Ihre Einstellungen durch Klicken auf *OK*.

Besuchte Seiten wiederfinden

Sicherlich werden Sie nicht immer alle Seiten, die Sie interessieren, konsequent in die Liste Ihrer Lesezeichen und Favoriten aufnehmen. Damit Sie die Adressen der zuletzt besuchten Webseiten immerhin über einen gewissen Zeitraum nach wie vor zur Verfügung haben, gibt es die History bzw. den Verlauf. Mit Hilfe beider Funktionen können Sie bereits besuchte Websites erneut aufsuchen.

So geht's mit Netscape Navigator

 Wählen Sie im Menü *Communicator* die Optionen *Extras/History*, woraufhin sich das History-Fenster öffnet.

 Indem Sie auf einen Titel bzw. auf eine Adresse in der History doppelklicken, wird das entsprechende Angebot in einem neuen Browser-Fenster geöffnet.

 Sortieren Sie die Einträge nach Titel, Adresse oder Datum, indem Sie in die Kopfzeile der entsprechenden Spalte klicken.

 Um nach einem bestimmten Aufruf einer Website zu suchen, wählen Sie aus dem History-Menü *Bearbeiten* die Option *History-Liste durchsuchen*.

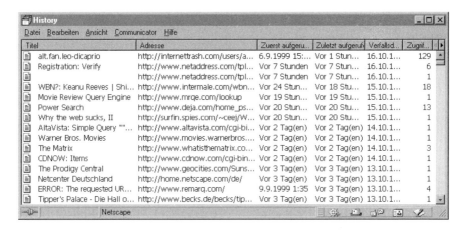

Nachweis, welche Websites zuletzt aufgerufen wurden (History)

5 Den Zeitraum, über den hinweg Websites in der *History* verfügbar bleiben sollen, legen Sie im Dialogfenster *Einstellungen* fest. Wählen Sie im Menü *Bearbeiten* die Option *Einstellungen...*

6 Klicken Sie in der linken Spalte auf *Navigator*.

7 Im Feld von *Historyseiten verfallen nach Tagen* geben Sie die gewünschte, maximal dreistellige Zahl ein.

8 Speichern Sie die Einstellungen durch Klicken auf den Button *OK*.

So geht's mit Microsoft Internet

1 Klicken Sie auf den Button Verlauf oder wählen Sie im Menü Ansicht die Optionen Explorerleiste/Verlauf, woraufhin sich die Explorerleiste öffnet, in der die Adressen aller zuletzt aufgerufenen Websites aufgelistet sind. Die Websites sind nach Tagen in eigenen Ordnern sortiert. An dieser Stelle arbeiten der Internet Explorer und Windows Explorer eng zusammen, d.h. dass in der Liste auch Dokumente aufgeführt sind, die Sie zuletzt bearbeitet haben und sich auf der Festplatte Ihres Rechners befinden.

2 Indem Sie eine Adresse doppelklicken, wird das entsprechende Angebot im Browser Fenster geöffnet. Diese Möglichkeit funktioniert gerade auch im Offline-Betrieb, was sehr hilfreich sein kann.

3 Um die besuchten Websites nach verschiedenen Kriterien zu sortieren, klicken Sie in der Explorerleiste auf den Button Ansicht. Zur Auswahl stehen Nach Datum, Nach Site, Nach der Anzahl der Zugriffe und In der Zugriffsreihenfolge von heute.

4 Um eine bestimmte Adresse zu finden, klicken Sie auf den Button Ansicht und wählen die Option Suchen. Im Eingabefeld tragen Sie das entsprechende Stichwort ein.

5 Die Dauer der in Verlauf angezeigten Websites legen Sie in den Internetoptionen fest, die Sie im Menü Extras aufrufen.

6 Auf der Registerkarte Allgemein nehmen Sie im Feld neben Tage, die die Seiten in »Verlauf« aufbewahrt werden die gewünschte Einstellung vor.

7 Speichern Sie Ihre Einstellungen durch Klicken auf OK.

Weitere Funktionen

Text speichern

Alle Informationen aus dem Internet werden gewissermaßen als Dateien auf Ihren Rechner geladen. Dort können Sie diese unter einem Namen abspeichern und weiterverarbeiten. Um eine Seite zu speichern, wählen Sie *Speichern unter* im Menü *Datei*.

Text durchsuchen

Wenn Sie auf einer Website schnell das Gesuchte finden wollen, dann wählen Sie im Menü *Bearbeiten* die Option *Seite durchsuchen* bzw. *Suchen (aktuelle Seite)* und geben den Suchbegriff in das Textfeld des Dialogfensters *Suchen* ein.

HTML-Code anzeigen

Wenn Sie den HTML-Quelltext sehen wollen, wählen Sie *Seitenquelltext* bzw. *Quelltext anzeigen* im Menü *Ansicht*.

▶ **Übrigens**

Sie können sich zwar den Quelltext zu einer Webseite anzeigen lassen, diesen speichern und weiterverarbeiten, dadurch verändern Sie jedoch nicht das Original auf dem Webserver, sondern lediglich eine lokale Kopie auf Ihrem Rechner.

Bilder speichern

Um eine Grafik aus der Website isoliert anzuzeigen, klicken Sie mit der rechten Maustaste auf das gewünschte Bild und wählen aus dem Kontextmenü die Option *Grafik anzeigen* bzw. *Bild anzeigen*. Um das Bild auf Ihrem Rechner zu speichern, wählen Sie aus dem Kontextmenü die Option *Grafik speichern unter* bzw. *Bild speichern unter*. Im Datei-Dialogfenster legen Sie fest, in welches lokale Verzeichnis die Bilddatei gesichert werden soll. Beachten Sie, dass die im Internet veröffentlichten Informationen wie jede Publikation den Urheberrechtsgesetzen unterliegen.

Drucken

Sie drucken eine Website, indem Sie auf den Button *Drucken* klicken. Der Internet Explorer beginnt sogleich den Druckvorgang, wohingegen der Navigator erst das Dialogfenster *Drucken* anzeigt. Alternativ wählen Sie im Menü *Datei* die Option *Drucken,* womit für beide Browser-Typen das Drucken-Fenster aufgerufen wird. In diesem lassen sich die gewünschte Kopienanzahl und der Druckbereich festlegen. Unter Umständen ist es wünschenswert, die zu druckende Seite zunächst in der Seitenansicht zu betrachten. Wählen Sie dazu im Menü *Datei* die Option *Seitenansicht* bzw. *Seite einrichten*.

AOL

http://www.aol.com

Mit dem Internet-Dienst von AOL steht Ihnen ein Komplettangebot zur Verfügung, das Ihnen den Online-Einstieg einfach macht.

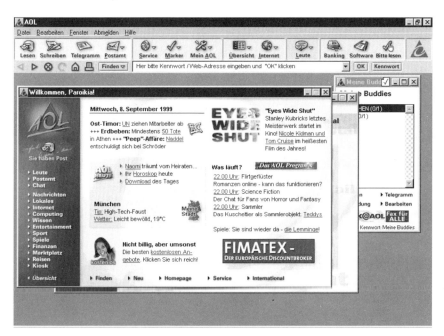

AOL-Startseite nach dem ersten Aufrufen

Nach dem ersten Starten von AOL werden Sie durch diverse Seiten zur Registrierung geführt. Bei jedem weiteren Starten begrüßt Sie dann AOL mit den für Ihre Region interessanten Neuigkeiten, die so umfassend und umfangreich sind, dass man gar nicht mehr über den AOL-Tellerrand hinausblickt. Erfahrene Internet-Nutzer könnten dies als Gängelung empfinden, da AOL-Nutzern der Weg ins Internet gar nicht erst schmackhaft gemacht wird. Andererseits passiert es leicht, dass man sich bei den ersten Kontakten mit dem Internet ob der vielfältigen Fülle gar nicht mehr zurecht findet und deshalb das AOL-Angebot zu schätzen weiß.

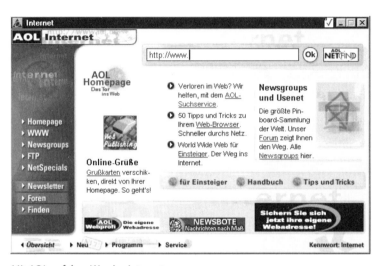

Mit AOL auf dem Weg ins Internet

Da AOL seinen Kunden nicht nur bei der Aufbereitung des Web behilflich ist, sondern auch bei der Bedienung der AOL-eigenen Software, wird hier darauf verzichtet, diese näher zu beschreiben.

Wie finde ich Informationen im Internet?

Wenn Sie das erste Mal mit dem Internet in Berührung kommen, wird Sie vermutlich die Fülle der Möglichkeiten und Informationen erstaunen und im schlechteren Fall erschlagen. Nun, das komplette Internet »kennt« in der Tat niemand, dennoch sind Sie durchaus in der Lage zu lernen, wie Sie sich gut zurechtfinden. Dazu müssen Sie lediglich einige grundsätzliche Verfahrensweisen verstehen.

Während das Internet immer umfangreicher wurde, sind zugleich Möglichkeiten entwickelt worden, um die Informationsfülle zu strukturieren und abzufragen. Es wurden verschiedene Suchmaschinen (engl. *search engine*) entwickelt, mit deren Hilfe sich Gesuchtes gezielt finden lässt.

Das Angebot an guten Suchmaschinen steigt ebenfalls nahezu täglich. Dem deutschsprachigen Markt wird dabei durch Suchmaschinen Rechnung getragen, die wahlweise nur auf deutschsprachigen Websites suchen. Eine allgemeine Empfehlung für die beste Suchmaschine auszusprechen, wäre vermessen, da sie alle ihre speziellen Vorzüge haben. Es lassen sich grundsätzlich drei Typen unterscheiden: zum einen die großen roboterartig arbeitenden Suchmaschinen, die kleineren, redaktionell betreuten Indexlisten und die Meta-Suchmaschinen, die sowohl in den Robotern als auch den Indexlisten nach Informationen suchen.

> ▶ **Tipp**
>
> Um die Arbeitsweise der verschiedenen Suchmaschinen kennenzulernen, überlegen Sie sich ein Thema, zu dem Sie Informationen finden wollen. Öffnen Sie einige Browser-Fenster auf und rufen Sie darin verschiedene Suchmaschinen auf. Geben Sie in alle Suchmaschinen Ihre Anfrage ein und vergleichen Sie, welche Ergebnisse Ihren Vorstellungen am meisten entsprechen. Möglicherweise haben Sie dann schon Ihre favorisierte Suchmaschine gefunden.

Im Netscape Navigator und dem Microsoft Internet Explorer sind bereits die Web-Adressen einiger Suchmaschinen implementiert, die sich bequem aus den jeweiligen Symbolleisten heraus aufrufen lassen. Im Navigator gelangen Sie durch Klicken auf den Button *Suche* auf die Netscape-Website, die Ihnen eine Suche in wahlweise Excite, Lycos, Infoseek, Web.de oder Fireball anbietet.

Im Internet Explorer öffnet sich nach Anklicken von *Suchen* die Explorerleiste, in der der gewünschte Suchbegriff eingegeben wird.

Verschiedene Suchmaschinen

Die großen roboterartigen Suchmaschinen durchforsten das Internet ständig nach neuen Informationen. Sobald sie auf eine neue Website stoßen, wird diese in eine gigantische Datenbank aufgenommen und der Text in verschiedenen Kategorien und Stichwörtern gespeichert. Da dieser Vorgang vollautomatisch abläuft, d.h. ohne menschliches Eingreifen, sind die Fundstellen manchmal etwas sonderbar und die Ergebnisse zudem sehr umfangreich. Andererseits gibt es hier tatsächlich sehr viele Treffer auch zu Randgebieten. Mit Hilfe von Operatoren lässt sich das Suchergebnis positiv beeinflussen. Der bekannteste Roboter ist Altavista.

Bei den redaktionell betreuten Indexlisten sind Menschen am Werk, die als Informationssammler im Netz surfen und auf der Suche nach interessanten Informationen sind. Diese Informationen werden dann per Hand katalogisiert, ausgehend vom Allgemeinen zum hin Speziellen. Beispiel: Städte und Länder, Länder, Vereinigte Staaten von Amerika, Bundesstaaten, New York, Städte, New York. Allerdings wenden sich auch Website-Betreiber bewusst an Yahoo! und andere redaktionell betreute Suchdienste, um ihr Angebot aufnehmen zu lassen (siehe auch später in diesem Kapitel).

Suchtipps

Operatoren

Mit Hilfe von Operatoren sind Sie in der Lage, einen Suchbegriff geschickt einzugrenzen. Die Suchmaschinen suchen nach dem Vorkommen von beliebigen Kombinationen von Buchstaben und/oder Zahlen und fahnden genau so nach dem Begriff, wie er eingegeben wurde. Bezüglich Singular und Plural verhalten sich Suchmaschinen unterschiedlich.

> ▶ **Tipp**
>
> Um die Trefferquote zu erhöhen, geben Sie den gesuchten Begriff in Kleinschreibung ein und zusätzlich in anderen möglichen Schreibweisen. Wenn Sie hingegen einen bestimmten Firmen- oder Personennamen finden wollen und auch nur diesen, dann geben Sie den gesuchten Begriff genau so ein, wie er korrekt geschrieben wird.

Für die Suche nach zwei und mehr Suchbegriffen werden diese entweder mit einem Pluszeichen (+) oder »und« miteinander oder als Phrase markiert, d.h. in Anführungszeichen gesetzt. Dies ist besonders dann sinnvoll, wenn Sie beispielsweise eine Überschrift oder einen festen Titel suchen.

Um Suchmaschinen erfolgreich anwenden zu können, müssen Sie in der Lage sein, die jeweiligen Ergebnisse richtig zu interpretieren. Für Sie ist es wichtig, selbst entscheiden zu können, ob es sich wohl lohnen wird, die Ergebnisse einer Suchanfrage zu verfolgen oder sie eher zu verwerfen. Anhand einiger Kriterien lassen sich Suchergebnisse auf ihre Tauglichkeit hin überprüfen.

Trefferquote (Ranking)

Üblicherweise werden die besten Übereinstimmungen mit Ihrer Suchanfrage zuerst aufgelistet. Da aber Marketingexperten erkannt haben, wie sie Suchmaschinen mit Hilfe einiger Tricks für ihre Zwecke nutzen können, ist die Trefferquote allein nicht mehr so aussagekräftig. Es ist nämlich möglich, durch geschickte zusätzliche Einträge in ein HTML-Dokument dieses in Suchmaschinen öfter vorkommen zu lassen als andere.

Wenn Sie beispielsweise auf eine Anfrage sehr viele gleichlautende Adressen geliefert bekommen, könnte es sich um derart manipulierte Webseiten handeln. Dann genügt es, wenn Sie eine davon aufrufen und selbst urteilen, ob es das ist, was Sie gesucht haben oder nicht. Überspringen Sie die gleichlautenden Einträge und rufen Sie die nächsten auf.

Einige Website-Betreiber bezahlen viel Geld dafür, dass sie bei einer Suchabfrage zuerst gefunden werden. Allerdings spiegelt ein solches Vorgehen nicht unbedingt den Wert des Angebots wider.

Länge einer Webadresse

Wenn Sie einen sehr allgemeinen Begriff wie beispielsweise »Wein« suchen und die Ergebnisse würden Adressen zeigen, die sehr lange sind, dann sind dies möglicherweise nicht die besten Treffer. Wenn hingegen der gesuchte Begriff in der Webadresse selbst vorkommt oder ziemlich bald nach der Domain aufgeführt wird, könnte es sich um einen Volltreffer handeln.

Sprache

Wenn Sie ausdrücklich nur deutschsprachige Websites als Ergebnis wünschen, dann sollten Sie auch nur in deutschsprachigen Suchdiensten danach fahnden. Entsprechendes gilt selbstverständlich für andere Sprachen. Ein Suchdienst stellt meist Links zu den Partnerdiensten in anderen Ländern bereit.

Webrings-Angebote nutzen

Unter http://www.webrings.com finden sich Zusammenschlüsse thematisch verwandter Websites. Um im Internet besser gefunden zu werden, gehen viele Website-Betreiber dazu über, sich einem Webring anzuschließen. Dies bedeutet, dass jeder, der zu einem bestimmten Webring gehört, Links auf die thematisch verwandten Websites anderer einbaut.

Suchen mit Yahoo!

http://www.yahoo.de und http://www.yahoo.com

Bei Yahoo handelt es sich um einen redaktionell betreuten Webindex, der Websites nach bestimmten Kriterien katalogisiert. Sie können in einzelnen Kategorien nach der gewünschten Information suchen oder eine Suche im gesamten Datenbestand von Yahoo! durchführen. Yahoo! eignet sich ganz besonders für die Suche nach firmenrelevanten Informationen, wie spezielle Markennamen oder Firmengründer, da diese alle katalogisiert sind. Auch sind regional relevante Informationen bei Yahoo besonders schnell abzurufen.

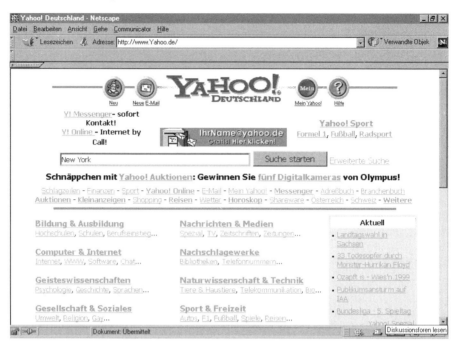

Der redaktionell betreute Suchdienst Yahoo!

▶ Tipp

> Geben Sie in eine der Suchmaschinen Ihren eigenen Namen ein und staunen Sie, auf welche Websites Sie verwiesen werden. Möglicherweise überrascht Sie das Ergebnis. Wenn Sie tatsächlich auf der Suche nach Personen sind, dann empfiehlt sich eine der nachfolgend beschriebenen Varianten.

Personen im Internet finden

Ein die ganze Welt umspannendes elektronisches Telefonbuch stellt WhoWhere dar. Der Klassiker unter den Personenverzeichnissen liefert Ihnen nicht nur die E-Mail-Adresse der gesuchten Person, sondern auch deren Adresse, sofern diese eingetragen wurde. Wenn Sie den Namen einer Person nicht genau wissen, können Sie deren E-Mail-Adresse dennoch finden, da auch intelligente Suchen durchgeführt werden. Lassen Sie sich bei WhoWhere kostenlos eintragen, um weltweit gefunden zu werden.

http://www.whowhere.com

Mit Four11 steht ein weiterer Personensuchdienst zur Verfügung.

http://www.four11.com

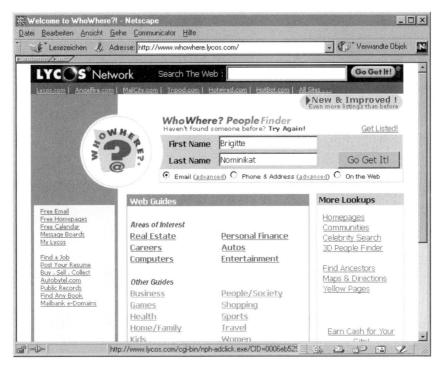

Personensuche in Whowhere

Nachrichten, Informationen

Cnet ist eine ausgezeichnete englische Online-Computerzeitschrift. http://www.cnet.com. Hier finden Sie tagesaktuelle Meldungen, Soft- und Hardwaretests und alle möglichen Kommentare zu Computerthemen. Unter http://www.news.com erhalten Sie den an CNet angegliederten Nachrichtendienst. Eine Volltextsuche über das gesamte Online-Angebot ermöglicht eine gezielte Suche und erleichtert dadurch das Auffinden bestimmter Themen.

Bewährte Adressen

Indexlisten für deutschsprachige Web-Angebote

Web-Adresse	Beschreibung
http://www.dino.de	Konkurrenz zu Yahoo!, aber ohne dessen allgemeine Akzeptanz.
http://www.excite.de	Ähnelt dem Markführer Yahoo!
http://www.fireball.de	Die größte deutsche Suchmaschine
http://www.lycos.de	Deutscher Ableger einer amerikanischen Suchmaschine. Mit vielen Ambitionen Richtung Web-Community.
http://www.paperboy.de	Zum Auffinden aktueller Zeitungsmeldungen.

Web-Adresse	Beschreibung
http://www.web.de	Suchkatalog, in dem die Sachgebiete katalogisiert abzurufen sind.
http://www.yahoo.de	Marktführer aller redaktionell betreuten Suchservices.

Robotersuchmaschinen für deutschsprachige Webangebote

http://www.aladin.de

http://www.altavista.de

http://www.crawler.de

http://www.excite.de

http://www.kolibri.de

http://www.lycos.de

Suchmaschinen für internationale Webangebote

http://infoseek.com

http://www.filez.com

http://www.hotmail.com

Meta-Suchmaschinen

http://www.alltheweb.com

http://www.metacrawler.com

http://www.cyberarmy.com

http://www.theultimates.com

Berufliches

http://www.job.de

http://www.job-office.de

http://www.job-pages.de/bewerb/bewmain.htm

http://www.jobs.adverts.de

http://www.job-suche.de

http://www.nebenjob.de

http://www.screen-online.de/jobs/ausbildungs-special/profile.html

http://www.stellenanzeigen.de

http://www.stellenboerse.de

http://www.wuv.de

Zeitungen

Web-Adresse	Beschreibung
http://www.corriere.it	Und auch die Mailänder liefern mit ihrer Tagszeitung einen hervorragenden Nachrichtenüberblick.
http://www.fr-aktuell.de	Informationen gut zusammengefasst und ohne unnötige Schnörkel
http://www.ft.com	Zum Lesen der kostenlosen Online-Ausgabe der Financial Times ist lediglich die Registrierung notwendig.
http://www.lemonde.fr	Die Franzosen sind mit dem Le Monde im Internet vertreten.
http://www.nytimes.com	Den Big Apple auch ins heimatliche Wohnzimmer holen.
http://www.rp-online.de	Eine der attraktivsten Internet-Zeitungen. Das Angebot besticht vor allem durch eigene Online-Inhalte.
http://www.sueddeutsche.de	Eine der wichtigsten deutschen Tageszeitungen, die zudem ein umfangreiches, äußerst interessantes Online-Angebot parat hält.
http://www.sjmercury.com	Die San José Mercury Online-Zeitung mit exzellenten Informationen über alles, was die EDV-Branche bewegt. Der Newsletter »Good Morning Sillicon Valley« ist Standardlektüre aller IT-Interessierten.

Diverse interessante Websites

URL	Thema
http://food.epicurious.com	Kulinarisches in englischer Sprache. Eine Art Enzyklopädie der Köstlichkeiten mit umfangreicher Rezept- und Nahrungsmitteldatenbank.
http://www.drhurd.com	Lebenshilfe online mit zahlreichen Büchertipps und sonstigen Hilfestellungen.
http://www.urbanlegends.com/	Mysteriöse Stadtgeschichten – lassen Sie sich auf Abenteuer ein.
http://www.travelnow.com/	Große Auswahl an über 40000 Hotels in über 5000 Städten und das weltweit. Online-Buchungen möglich.
http://babelfish.altavista.digital.com/cgi-bin/translate	Großartige Übersetzungs-Website.
http://www.travlang.com/languages/	Für Reisende, die immerhin einen kleinen Einblick in die Landessprache ihres Urlaubsziels erhalten wollen.
http://www.acses.com	Einkaufshilfe, die nach dem jeweils günstigsten Preis sucht. Noch vor allem für Amerika gültig, doch auch schon für Deutschland recht brauchbare Ergebnisse.
http://image.altavista.com/cgi-bin/avncgi	Photo- und Medien-Suche.

Wie richte ich mein E-Mail- und Newsgroup-Konto ein?

Um E-Mails schreiben und empfangen zu können oder um an Newsgroups teilzunehmen, benötigen Sie spezielle Software. In diesem Abschnitt erfahren Sie, wie Sie den Netscape Communicator und Outlook Express für die Verwendung von E-Mail und News einrichten. Die Arbeit mit E-Mails ist in Kapitel 7 und der Umgang mit Newsgroups in Kapitel 8 beschrieben.

Grundsätzliches

Die Kommunikation via E-Mail gehört inzwischen ebenso wie Brief, Telefon und Fax zu den modernen Standardkommunikationsmitteln.

E-Mail-Kommunikation

E-Mails sind, ebenso wie Brief und Fax, im Gegensatz zum Telefon ein asynchrones Kommunikationsmittel, weil der Empfänger nicht zeitgleich mit dem Absender verhandeln muss. Der Versand von E-Mails erfolgt zwar schneller als der von Briefen, E-Mails sind jedoch nicht dokumentenecht. Auch sind E-Mails langsamer als Faxe, aber die darin enthaltenen Informationen lassen sich direkt weiterverarbeiten. Zudem sind E-Mails einfacher anzufertigen und in der Regel auch preisgünstiger als Fax und Brief.

Für den Empfang und Versand von E-Mails benötigen Sie wie für das Versenden eines Briefs eine Art »Postamt«. Dieses kümmert sich darum, dass die versendeten E-Mails zuverlässig den Empfänger erreichen und dass an Sie geschickte E-Mails so lange aufbewahrt werden, bis Sie Zeit finden, sie zu lesen oder anderweitig zu verarbeiten. Technisch gesehen benötigen Sie einen Server für den Postausgang, der mit SMTP (*Simple Mail Transfer Protocol*, dt. Einfaches E-Mail-Übertragunsprotokoll) arbeitet, und einen Server für den E-Mail-Empfang, der POP3 (*Post Office Protocol 3*) oder IMAP (*Internet Mail Access Protocol*, dt. Internet-E-Mail-Zugriffsprotokoll) versteht. In der Regel stellen die Provider einen SMTP- und POP3-Server zur Verfügung.

▶ POP3 oder IMAP?

POP3 ist ein einfaches Protokoll, bei dem Sie alle neuen E-Mails in einem Durchgang auf Ihren Rechner laden und dort offline lesen können. Wenn Sie E-Mails von mehreren Orten, z.B. zu Hause und in der Arbeit, empfangen wollen, dann können Sie das E-Mail-Programm so einstellen, dass E-Mails nicht vom POP-3-Server gelöscht werden. Da die meisten Provider für Ihre Mails nicht unbegrenzt Speicherplatz zur Verfügung stellen, müssen Sie dafür sorgen, dass die nicht mehr benötigten E-Mails irgendwann gelöscht werden.

IMAP ist ein neueres Protokoll, das die Verwaltung der E-Mails auf dem Server ermöglicht. Dies ist dann von Vorteil, wenn Sie Ihre E-Mails von mehreren Orten aus über das Internet verwalten und nur gezielt diejenigen E-Mails laden wollen, die Sie auch interessieren. Da dieses Verfahren sehr speicherintensiv ist, erlauben die meisten Provider keinen Zugriff über IMAP.

Alternativ können Sie die web-basierten E-Mail-Dienste nutzen (siehe Kapitel 7). Da diese Dienste nicht mit einem E-Mail-Programm zu nutzen sind, wird in diesem Kapitel nicht darauf eingegangen.

Newsgroups – das Schwarze Brett im Netz

Neben E-Mail sind die Newsgroups (Diskussionsforen) im Usenet, einer der ältesten Dienste im Internet. Während sich E-Mails an einen oder mehrere vom Absender festgelegte Empfänger richten, sind Newsgroup-Nachrichten für jeden lesbar, der sich dafür interessiert. Auf diese Weise entstehen weltweite Diskussionen zu allen denkbaren Themen.

Im Internet werden mittlerweile mehrere Zehntausend verschiedene Newsgroups angeboten, die sich jeweils einem bestimmten Thema widmen. Um daran teilzuhaben, benötigen Sie den Zugriff auf einen News-Server, der mit dem NNTP (*Net News Transfer Protocol*, dt. Übertragungsprotokoll für Netzneuigkeiten) arbeitet. Die meisten Provider stellen ihren Kunden einen solchen Server zur Verfügung.

Allerdings macht die Masse der täglich zu speichernden und zu übertragenden Daten in den Newsgroups den Betrieb eines News-Servers recht teuer für den Povider. Aus diesem Grund stellen manche Provider ihren Kunden nicht alle Newsgroups zur Verfügung oder aktualisieren ihren Server nur in längeren Abständen.

Newsgroups lassen sich sowohl mit dem Netscape Messenger als auch mit Outlook Express lesen und bearbeiten. Alternativ können Sie einen web-basierten News-Dienst verwenden (siehe Kapitel 8).

E-Mail und News einrichten

Checkliste

Um E-Mail und Newsgroups einzurichten, benötigen Sie die folgenden Informationen von Ihrem Provider:

Die Adresse des SMTP-Servers.

Die Adresse der POP3- bzw. IMAP-Servers. Diese ist meistens mit der Adresse des SMTP-Servers identisch.

Ihren Benutzernamen sowie ein Kennwort auf dem POP3- bzw. IMAP-Server. Dieser muss nicht identisch mit dem Benutzernamen sein, den Sie beim Anwählen des Providers verwenden.

Die Adresse des News-Servers bzw. NNTP-Servers.

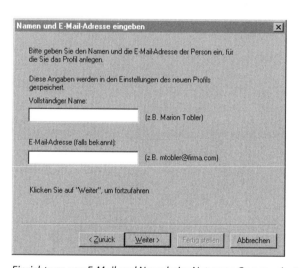

Einrichtung von E-Mail und News beim Netscape Communicator

Wenn E-Mail und Newsgroups nicht eingerichtet sind, starten sowohl der Netscape Communicator als auch Outlook Express einen Assistenten, in dem die oben aufgeführten Informationen abgefragt werden. Die folgenden beiden Abschnitte beschreiben, wie Sie E-Mail und Newsgroups von Hand einrichten.

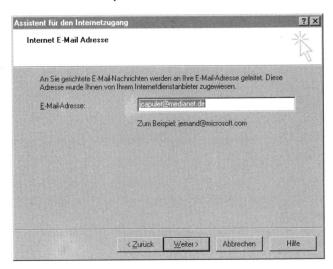

Einrichten von E-Mail in Outlook Express

So geht's im Netscape Communicator

1 Wählen Sie im Menü *Bearbeiten* des Netscape Communicators die Option *Einstellungen*.

2 Wählen Sie im linken Bereich den Eintrag *Mail-Server* im Ordner *Mail & Diskussionsforen*.

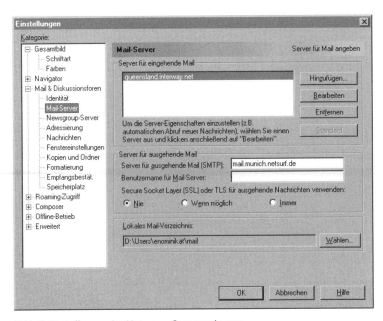

E-Mail-Einstellungen im Netscape Communicator

3 Im rechten Bereich sehen Sie dann eine Liste der konfigurierten Mail-Server. Durch Klicken auf *Bearbeiten* ändern Sie die Konfiguration für den markierten Mail-Server.

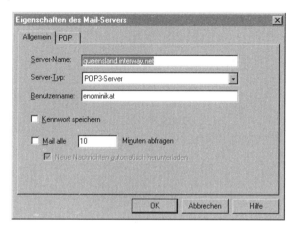

Die Mail-Server-Einstellungen im Netscape Communicator

4 Im unteren Bereich des Dialogfensters stellen Sie den SMTP-Server ein. Die Angabe eines Benutzernamens ist hier oftmals nicht notwendig.

5 Um die Einstellungen für den News-Server zu verändern, wählen Sie den Eintrag *Newsgroup-Server* im linken Bereich aus.

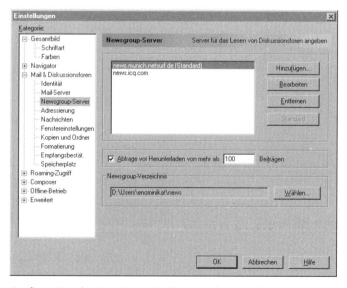

Konfiguration der News-Server im Netscape Communicator

6 Um die Einstellungen für den News-Server zu verändern, wählen Sie den Eintrag *Newsgroup-Server* im linken Bereich aus.

7 Die Konfiguration von News-Servern lässt sich nicht direkt ändern. Sie können aber einen News-Server über die Schaltfläche *Entfernen* löschen und einen neuen News-Server über die Schaltfläche *Hinzufügen* anlegen.

So geht's in Outlook Express

1 Wählen Sie in Outlook Express im Menü *Extras* die Option *Konten*.

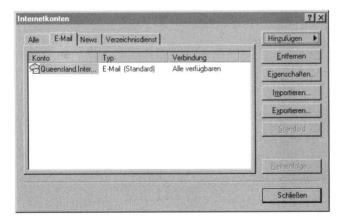

Konten in Outlook Express

2 Auf der Registerkarte *E-Mail* finden Sie die Einstellungen für Ihre E-Mail-Server. Doppelklicken Sie auf den entsprechenden Eintrag, um die Eigenschaften anzuzeigen (siehe nachfolgende Abbildung).

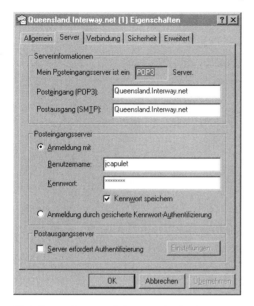

Einrichtung der E-Mail-Server in Outlook Express

 Auf der Registerkarte *News* finden Sie die Einstellungen für die News-Server. Doppelklicken Sie auf den entsprechenden Eintrag, um die Eigenschaften anzuzeigen.

 Outlook Express ist in der Lage, mit mehreren E-Mail- und News-Servern gleichzeitig zu arbeiten. Über die Schaltfläche *Hinzufügen* können Sie weitere E-Mail- und News-Konten einrichten.

E-Mail-Format per Standardeinstellung festlegen

Neben Netscape Messenger und Outlook Express gibt es zahlreiche weitere E-Mail-Programme, die möglicherweise mit neueren E-Mail-Formaten nicht zurecht kommen. Aus diesem Grund können Sie das E-Mail-Format einstellen.

So geht's mit Netsape Communicator

 Wählen Sie im Menü *Bearbeiten* die Option *Einstellungen....* In der linken Spalte klicken Sie auf den Punkt *Mail&Diskussionsforen* und daraus wählen Sie *Nachrichten*. Nun legen Sie fest, wie Sie mit E-Mails verfahren wollen.

 Bestimmen Sie, ob weitergeleitete E-Mails als *Anlage*, *Inline* oder als *Zitat* verschickt werden sollen. Im ersten Fall wird die weitergeleitete E-Mail als Anlage angehängt, was in anderen E-Mail-Programmen zu Problemen führen kann. Im zweiten und dritten Fall wird die weitergeleitete E-Mail in den Text der neuen E-Mail integriert.

3 Entscheiden Sie sich dafür, ob Sie stets die ursprüngliche Nachricht, auf die Sie antworten, in Ihrer neuen E-Mail mitführen wollen oder nicht. Falls ja, dann legen Sie fest, ob Sie dann per Standard oberhalb oder unterhalb des zitierten Textes schreiben wollen oder ob der zitierte Text speziell gekennzeichnet sein soll.

4 Lassen Sie Ihre Texte vor dem Versand auf ihre orthographische Richtigkeit prüfen und klicken Sie in das Kästchen neben *Rechtschreibung vor dem Senden überprüfen*.

5 Legen Sie fest, wie viele Zeichen in eine Zeile geschrieben werden dürfen. Die Angabe des Textumbruchs ist sinnvoll, damit E-Mails im Nachrichtenfenster problemlos zu lesen sind, d.h. damit nicht der horizontale Scroll-Balken zur Anzeige bemüht werden muss.

6 Definieren Sie, wie Sonderzeichen (8-Bit-Zeichen) wie Umlaute usw. in der E-Mail dargestellt werden sollen. Wenn es Probleme mit dem Empfang Ihrer E-Mails gibt, können Sie auf »*Quoted Printable*« umstellen. In diesem Fall stellen manche E-Mail-Programme Sonderzeichen nicht mehr korrekt dar.

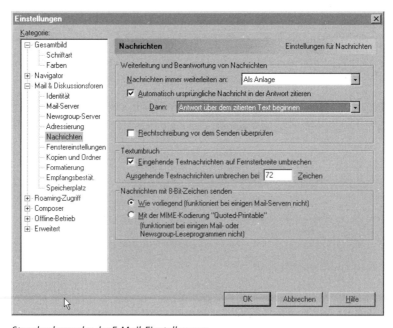

Standardvorgabe der E-Mail-Einstellungen

So geht's mit Microsoft Outlook

1 Wählen Sie *Optionen* im Menü *Extras* von Outlook Express.

2 Wechseln Sie auf die Registerkarte *Senden*.

E-Mail-Format in Outlook Express

3 Im oberen Bereich finden Sie einige Einstellungen über das Verhalten von Outlook Express beim Erstellen von E-Mails.

4 Im unteren Bereich stellen Sie ein, ob E-Mails und News-Nachrichten in HTML oder unformatiertem Text erstellt werden sollen. Beachten Sie, dass HTML-Nachrichten in Newsgroups immer noch sehr ungerne gesehen werden.

5 Über die Schaltflächen *HTML-Einstellungen* bzw. *Text-Einstellungen* legen Sie fest, wie Sonderzeichen übertragen werden und wie zitierte E-Mails im Text gekennzeichnet sein sollen. Diese Einstellungen sollten Sie ändern, wenn Empfänger Probleme beim Lesen Ihrer E-Mails haben.

Wie gehe ich mit E-Mails um?

Wenn vom Internet die Rede ist, dann ist damit nicht nur das überwältigende Angebot im Web gemeint, sondern auch die Möglichkeit, sich mit anderen über das Internet auszutauschen. Der E-Mail-Dienst hat sich zu einem der wichtigsten im Internet entwickelt und ist aus der täglichen Kommunikation kaum mehr wegzudenken, gleichgültig, ob es sich dabei um geschäftliche oder private Korrespondenz handelt. E-Mails lassen sich scheinbar mühelos schreiben und beantworten. Der Vorteil liegt in ihrer rapiden Übermittlung, bei der die traditionellen Postwege nicht mithalten können. Binnen Sekunden liegt die elektronische Nachricht im Eingangsfach des Empfängers, gleichgültig wo auf der Welt sich dieser befindet. E-Mails treffen so unmittelbar wie Telefonate ein, werden aber als weniger störend empfunden, zudem kann das schriftlich Vorliegende besser nachvollzogen werden. Damit der schnelle Transfer auch wirklich gelingt, ist es notwendig, dass der Server Ihres Internet-Providers und der des Empfängers die E-Mails zügig austauschen. Der Vorteil von E-Mails liegt darin, dass sie im Gegensatz zu einem Telefongespräch nicht sofort beantwortet werden müssen. Sie haben also Zeit, sich auf Ihr Gegenüber einzustellen und dann entsprechend zu reagieren. Allerdings sollten auch E-Mails nicht ewig unbeachtet in Ihrem Postfach liegen, sondern je nach Dringlich- und Wichtigkeit umgehend beantwortet bzw. weitergeleitet werden. Um eintreffende E-Mails besser organisieren zu können, eigenen sich diverse Filterfunktionen, die in diesem Kapitel ebenfalls besprochen werden.

Wer bisher geglaubt hatte, das Internet und seine vielfältigen Möglichkeiten würde die Menschen vereinsamen lassen, wird inzwischen eines Besseren belehrt: Neueste Untersuchungen beweisen, dass mehr geschrieben wird als je zuvor. Zudem erfreut sich nicht nur der elektronische Brief wachsender Beliebtheit, sondern auch handschriftliche Briefe werden wieder versandt, denn wo weltweite Freundschaften entstehen, da werden auch gerne Ansichtskarten und andere interessante Dinge verschickt. Neben der Befürchtung der menschlichen Vereinsamung wurde auch kritisiert, die deutsche Sprache werde verarmen. Das Gegenteil ist der Fall, denn gerade die elektronische Kommunikation führt zu zahlreichen neuen Wortschöpfungen. Und diejenigen, die miteinander kommunizieren, haben Freude am kreativen Umgang mit der deutschen Sprache und bereichern diese.

Die E-Mail-Adresse

Aufbau

Geschäftliche E-Mail-Adressen bestehen in der Regel aus dem echten Namen einer Person, dem At-Symbol (@) und der Adresse des Mail-Servers, auf dem der Empfänger gefunden werden kann, beispielsweise stefan.lehman@siemens.de. Bei größeren Unternehmen kann der Personenname auch durch ein Namenskürzel ersetzt sein.

Andere Adressen wie beispielsweise »neo99@planet.net« sind ebenfalls möglich, jedoch muss eine echte E-Mail-Adresse immer den Klammeraffen (@) aufweisen. Mittlerweile existieren zahlreiche Dienste, bei denen Sie sich sogar kostenlose E-Mail-Adressen besorgen können (siehe auch Kapitel 2).

Kostenlose E-Mail-Adressen

Einige Anbieter werben mit kostenlosen E-Mail-Adressen, die Sie unabhängig von Ihrem eigentlichen Provider und Ihrer Hauptadresse nutzen können.

▶ **Tipp**

Richten Sie sich beizeiten eine provider-unabhängige E-Mail-Adresse ein, da Sie diese immer nutzen können, gleichgültig wo Sie sich gerade aufhalten. Auch ohne Ihre gewohnte PC-Umgebung und E-Mail-Konfiguration sind Sie mit Hilfe dieser Adressen überall erreichbar, da Sie Ihre E-Mails mit Hilfe des Browsers auf der Website des jeweiligen Anbieters lesen. Dort sind Ihre E-Mails passwortgeschützt und in der Regel genauso komfortabel zu organisieren, wie Sie das von Ihrem Provider samt E-Mail-Programm gewohnt sind.

Kostenlose E-Mail-Accounts	Besonderheit
http://www.hotmail.de name@hotmail.de	Microsoft wartet mit Hotmail-Adressen auf, deren Postfachgröße allerdings auf 2 Mbyte begrenzt ist. Wenn Sie sich für Outlook als Ihr Standard-E-Mail-Programm entscheiden, dann ist auch eine Hotmail-Adresse genau das Richtige für Sie, da sich beides recht gut ergänzt.
http://www.everymail.net name@everymail.net	Everymail stellt Ihnen ein 6 Mbyte großes Postfach zur Verfügung und lässt sich zudem individuell einrichten.
http://www.xlarge.at/indexb.htm	Der österreichische Anbieter Xlarge limitiert Ihr privates Postfach erst bei 50 Mbyte, womit Sie nach Herzenslust große E-Mails verschicken und empfangen können. Diverse andere Extras gibt's obendrein.
http://www.gmx.net name@gmx.net	Der deutsche Anbieter Global Message Exchange besticht durch die praktische, da kurze E-Mail-Adresse. Daneben werden zahlreiche automatische E-Mail-Filter und andere Funktionen angeboten. Das Postfach ist 30 Mbyte groß und die Aufbewahrungszeit der E-Mails ist unbegrenzt.
http://www.arcor.net	Ein 10 Mbyte großes Postfach und auf Wunsch sogar zwei kostenlose E-Mail-Adressen bietet Mannesmann-Arcor. Zudem empfiehlt sich hier der Zugang »Internet-by-Call«.

Ihren Namen als E-Mail-Adresse

Lassen Sie sich Ihren eigenen Namen als Top-Level-Domain registrieren und behalten Sie diese Domain ein Leben lang. Wenn Sie einen ausgefallenen Nachnamen besitzen, dann stehen die Chancen besser, dass Sie sich diesen als Domain registrieren lassen können, als wenn Sie einen weit verbreiteten Namen haben. Wenn Sie schnell sind, dann steht einer E-Mail-Adresse wie IhrVorname@IhrNachname.de nichts im Wege. Zudem können Sie sich dann eine Homepage mit der URL *http://www.IhrNachname.de* einrichten.

Beispiel: *elke@nominikat.de; http://www.nominikat.de*

Nun möchten Sie sich ebenfalls Ihren eigenen Namen registrieren lassen? Dann informieren Sie sich über die Möglichkeiten beispielsweise bei Puretec (http://www.puretec.com) oder Stratos (http://www.stratos.de). Natürlich können Sie sich nicht nur Ihren echten Namen, sondern auch jeden beliebigen Namen oder jede beliebige Wortschöpfung registrieren lassen, sofern diese noch nicht beim De-Nic (siehe Kapitel 1) registriert sind. Allerdings sollten Sie bedenken, dass es sich bei den Top-Level-Domains keinesfalls um Spekulationsobjekte handelt. Die Zeiten daraus Kapital zu schlagen, sind sowieso vorbei.

Verschiedene E-Mail-Programme

Diverse E-Mail-Programme ringen um die Gunst der Anwender, wobei mittlerweile Outlook das Rennen gemacht haben dürfte, da es sowohl in Windows 98 als auch in abgespeckter Form im Internet Explorer integriert ist. Dennoch ist auch der im Netscape Communicator integrierte Messenger ein leistungsstarkes und beliebtes Programm und steht dem Microsoft-Produkt in nichts nach. Mit im Rennen, jedoch weit abgeschlagen, sind Eudora, Pegasus und der AOL-eigene E-Mail-Client sowie einige andere Programme.

▶ **Hinweis**

> Bei den Beschreibungen in diesem Kapitel wird davon ausgegangen, dass Sie das betreffende E-Mail-Programm bereits gestartet haben.

Netscape Messenger

Das in Netscape Communicator integrierte E-Mail-Programm Messenger wird durch Anklicken des Messenger-Symbols aufgerufen. Alternativ wählen Sie im Menü *Communicator* die Auswahl *Messenger* oder drücken die Tastenkombination $\boxed{\text{Strg}}$+$\boxed{2}$. Die einzelnen Komponenten des Netscape Communicators sind eng miteinander verwoben und von überall aus erreichbar.

Das Messenger-Fenster gliedert sich in fünf Bereiche. Oben befinden sich die Menüs und die Symbolleiste mit den verschiedenen Schaltflächen. Links darunter sind die diversen Ordner sowie alle abonnierten Newsgroups aufgelistet. Rechts daneben wird der Inhalt des jeweiligen Ordners angezeigt, in der nachfolgenden Abbildung ist der Inhalt des Ordners *Inbox* zu sehen. Unterhalb der Anzeige des Ordnerinhalts werden der eigentliche Text und zusätzliche Informationen der E-Mail abgebildet. Den Abschluss des Fensters bildet die Statusleiste, in der sich die Symbole der einzelnen Communicator-Komponenten und einige Statusinformationen befinden.

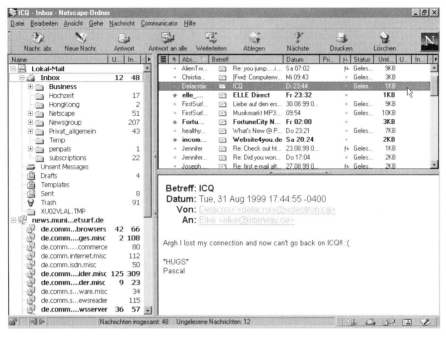

Die Nachrichtenzentrale des Netscape Messengers

Outlook Express

Das Fenster von Outlook gliedert sich in fünf Bereiche: der Bedienungsbereich oben mit den Menüs und Schaltflächen, links die Ordner- und Kontaktliste sowie rechts das Auswahl- und Vorschaufenster. Das Layout der Anwendung lässt sich verändern und den eigenen Vorstellungen anpassen, indem im Menü *Ansicht* die entsprechenden Optionen ausgewählt werden. Die einzelnen Bereiche lassen sich durch Ziehen der Trennbalken entsprechend vergrößern und verkleinern. Beim Schreiben einer E-Mail oder eines News-Beitrags öffnet sich stets ein Nachrichtenfenster, das zusätzliche Funktionalitäten parat hält.

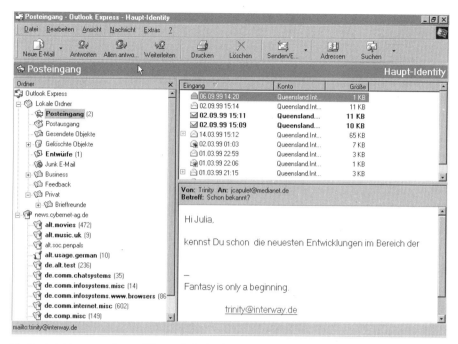

Die Nachrichtenzentrale von Microsoft Outlook

▶ Tipp zur Bedienung

Klicken Sie mit der rechten Maustaste auf Elemente in den E-Mail-Programmen von Netscape und Microsoft, um das Kontextmenü aufzurufen. In diesem situationsabhängigen Menü stehen Ihnen die jeweils geeigneten Menüoptionen zur Verfügung. Ein Programm mit Hilfe des Kontextmenüs zu bedienen, erleichtert den Umgang damit enorm, da sich eine Vielzahl von wertvollen Funktionen mit nur einem Mausklick aufrufen lassen.

Eudora von Qualcomm

http://www.eudora.com/

Auf der Website von Eudora stehen die verschiedenen E-Mail-Versionen zum kostenpflichtigen Download zur Verfügung. Der Preis richtet sich nach dem gewünschten Leistungsumfang.

Pegasus Mail

http://www.pegasus.usa.com

Das E-Mail-Programm Pegasus hat zahlreiche Anhänger, da es mit vielerlei Funktionen aufwartet: Adressbuch, verschiedene Such- und Sortiermöglichkeiten, Rechtschreibprüfung und einiges mehr.

PostMe

http://www.postme.de

Wenn Sie sich weder für eines der beiden großen E-Mail-Programme entscheiden wollen noch einen nahezu unüberschaubaren Funktionsumfang brauchen, könnte das deutschsprachige PostMe das Richtige für Sie sein. PostMe steht obendrein kostenlos zum Download auf der PostMe-Website zur Verfügung.

Standardsymbolleisten

Üblicherweise werden die am häufigsten benötigten Menüoptionen einer Anwendung in einer separaten Symbolleiste zur Verfügung gestellt, so dass sie sich schneller aufrufen lassen.

Netscape Messenger und Microsoft Outlook

Die Funktionalitäten der im Messenger und in Outlook präsentierten Schaltflächen gleichen einander. Nachfolgend finden Sie eine Gegenüberstellung der beiden Programme, in der die Bedeutung der vorhandenen Buttons erläutert wird.

Netscape Messenger	Microsoft Outlook	Bedeutung
Neue Nachr.	Neue E-Mail	Öffnet ein Fenster zum Schreiben einer E-Mail oder eines Newsgroup-Beitrags. Bei Outlook kann durch Anklicken des nach unten zeigenden Pfeils zudem bestimmt werden, ob und welches Hintergrundbild der E-Mail beigefügt werden soll.
Antwort	Antworten	Ruft diejenige E-Mail oder Nachricht, auf der sich die Cursor-Markierung gerade befindet, auf. Diese kann dann beantwortet werden. Die Antwort wird dann genau an diejenige Adresse geschickt, von der die Nachricht ursprünglich stammte. Zur Kennzeichnung wird dem Text in der Betreffzeile ein *Re:* vorangestellt.
Antwort an alle	Allen antwo...	Öffnet diejenige E-Mail oder Nachricht, auf der sich die Cursor-Markierung gerade befindet, um sie beantworten zu können. Die Antwort wird an alle Personen geschickt, die in der ursprünglichen Nachricht ebenfalls als Adressaten bzw. Absender enthalten waren.
Weiterleiten	Weiterleiten	Ruft die markierte E-Mail bzw. Nachricht in einem eigenen Fenster auf, das aber noch keinen Empfänger enthält. Der Text der weiterzuleitenden Nachricht befindet sich im Textfeld und der Betreffzeile ist ein *Fwd.* bzw. *Fw.* Für engl. *forward* (weiterleiten) vorangestellt.

Netscape Messenger	Microsoft Outlook	Bedeutung
Drucken	Drucken	Öffnet das Dialogfenster zum Drucken von Dokumenten.
Löschen	Löschen	Entfernt die aktuell markierte Nachricht und verschiebt sie direkt in den Papierkorb, d.h. in den Ordner *Trash* bzw. *Gelöschte Objekte*.
ohne Button	Senden/E...	Versucht eine Online-Verbindung aufzunehmen, um die markierten Objekte zu versenden. Bei bereits bestehender Online-Verbindung werden alle Objekte aus dem Ordner *Postausgang* sowie die aktuell markierten gesendet. Zugleich werden neue E-Mails empfangen. Wenn nur eine der beiden Aktionen ausgeführt werden soll, dann lässt sich diese durch Anklicken des nach unten zeigenden Pfeils explizit auswählen.
Nachr. abr.	ohne Button	Versucht, eine Online-Verbindung aufzunehmen, um die markierten Objekte zu versenden. Bei bereits bestehender Verbindung werden neue E-Mails, sofern vorhanden, empfangen.
ohne Button	Adressen	Öffnet das Adressbuch.
ohne Button	Suchen	Öffnet das Dialogfenster zum Suchen von *Nachrichten. Hier können Sie festlegen, nach welchen Kriterien Sie Ihre Ordner und E-Mails durchsuchen lassen wollen.* Durch Anklicken des nach unten zeigenden Pfeils können Sie die Suche noch weiter untergliedern.
Ablegen	ohne Button	Zeigt ein Menü an, das Ihre Ordnerstruktur genau abbildet. Durch Anklicken der gewünschten Option wird die markierte E-Mail bzw. Nachricht genau dorthin verschoben.
Nächste	ohne Button	Geht zur nächsten ungelesenen Nachricht. Indem Sie den Button etwas länger anklicken, wird ein Menü angezeigt, aus dem Sie wählen können, welche Nachricht als nächstes angezeigt werden soll.

Anpassen der Symbolleiste in Outlook

Per Standardeinstellung sind die auf der Symbolleiste zur Verfügung stehenden Schaltflächen definiert, jedoch lässt sich die Symbolleiste in Outlook den eigenen Wünschen anpassen. Für den Netscape Messenger existiert diese Möglichkeit der Anpassung nicht.

 Wenn Sie einige Schaltflächen in der Symbolleiste seltener benötigen, andere Funktionen hingegen öfter, dann passen Sie die Symbolleiste Ihren Wünschen an. Wählen Sie dazu im Menü *Ansicht* die Option *Layout*.

 Im Dialogfenster klicken Sie auf den Button *Symbolleiste anpassen,* um eine Auswahl zu treffen.

Klicken Sie auf ein Element in der Liste *Verfügbare Schaltflächen* und fügen Sie es der rechten Liste hinzu, indem Sie auf den Button *Hinzufügen* klicken. Alle Schaltflächen in der Liste *Aktuelle Schaltflächen* erscheinen später in der Symbolleiste. Wenn Sie einen Eintrag in dieser Liste markieren und auf *Entfernen* klicken, wird die betreffende Schaltfläche nicht mehr in der Symbolleiste angezeigt. Über die Buttons *Nach oben* und *Nach unten* können Sie noch die Reihenfolge festlegen. Wenn Sie den Button *Zurücksetzen* anklicken, werden Ihre persönlichen Einstellungen verworfen und der Originalzustand wiederhergestellt.

Nachdem Sie die Anpassungen durchgeführt haben, verlassen Sie das Dialogfenster durch Drücken auf den Button *Schließen* und auf *OK* im nächsten Fenster.

E-Mails schreiben

Wenn Sie keine Standleitung zu Ihrem Provider besitzen, d.h. jedes Mal wenn Sie online gehen, neue Telefonkosten anfallen, dann sollten Sie Ihre E-Mails offline schreiben. Anschließend gehen Sie gezielt online, um alle fertig adressierten und geschriebenen E-Mails auf einmal zu verschicken. Rufen Sie zunächst Ihr E-Mail-Programm auf, sei es Netscape Messenger, Microsoft Outlook, Outlook Express, Pegasus, Eudora oder ein anderes Programm, und verfassen Sie die E-Mail. Erst nachdem Sie alle Korrespondenz offline erledigt haben, stellen Sie die Online-Verbindung her. Ebenso gut können Sie in einem beliebigen Editor oder einem Textverarbeitungsprogramm den gewünschten Text eingeben, diesen in die Zwischenablage kopieren und anschließend mit *Bearbeiten/Einfügen* in das Textfeld der E-Mail kopieren.

Wie Sie online gehen, liegt an Ihnen. Ob Sie zuerst eine Verbindung herstellen und anschließend Ihre Korrespondenz versenden, oder ob Sie durch Klicken auf den jeweiligen Senden-Button eine Verbindung aktivieren, bleibt sich gleich.

> ### ▶ An (To), CC, BCC
>
> **An** bezeichnet den oder die eigentlichen Empfänger einer E-Mail. **CC** steht für engl. Carbon Copy (= Durchschlag) und benennt diejenigen Personen, die eine Kopie der E-Mail erhalten, d.h. die davon ebenfalls Notiz nehmen sollen. Wenn neben **BCC** (für engl. Blind Carbon Copy = Geheimer Durchschlag) Empfänger eingetragen werden, dann bedeutet dies, dass diese Personen die E-Mails ebenfalls erhalten, aber alle anderen Empfänger davon keine Ahnung haben, da der Empfänger der Blindkopie in deren E-Mail nicht ersichtlich ist.

So geht's mit Netscape Messenger

1 Klicken Sie in der Symbolleiste auf den Button *Neue Nachr.* oder wählen Sie im Menü *Datei* die Option *Neu* und dann *Neue Nachricht*. Alternativ rufen Sie das Fenster zum Verfassen einer E-Mail durch Drücken der Tasten $\boxed{\text{Strg}}$ + $\boxed{\text{M}}$ auf. Dass Sie ein weiteres Fenster geöffnet haben, können Sie an dem entsprechenden Symbol in der Statusleiste erkennen.

2 Setzen Sie den Mauszeiger in das Adressfeld neben *An:* und geben Sie die E-Mail-Adresse des Empfängers ein, beispielsweise vschwarzmayr@t-online.de.

3 Um gegebenenfalls eine Kopie der E-Mail an einen weiteren Empfänger zu schicken, setzen Sie den Mauszeiger in die nächste Zeile neben *CC:* und tragen dort die E-Mail-Adresse des Kopieempfängers ein. Wenn Sie weitere Kopien versenden wollen, dann setzen Sie den Mauszeiger in das nächste freie Feld, klikken auf *An:* und wählen dort das Gewünschte aus.

4 In das Feld neben *Betreff* geben Sie eine prägnante Betreffzeile ein. Je konsequenter Sie diese Zeile nutzen, desto einfacher können sowohl Sie als auch der Adressat die E-Mails organisieren.

5 Setzen Sie den Mauszeiger in das große Textfeld und schreiben Sie den Text der E-Mail. Wenn Sie einen längeren Text schreiben, empfiehlt es sich, hin und wieder auf den Button *Speichern* zu klicken. Die E-Mail wird dann so lange im Ordner *Drafts* gesichert, bis die E-Mail versendet wird.

Schreiben einer E-Mail mit dem Netscape Messenger

So geht's mit Microsoft Outlook

1. Klicken Sie in der Symbolleiste auf die Schaltfläche *Neue E-Mail* oder wählen Sie im Menü *Datei* die Optionen *Neu* und *E-Mail-Nachricht*.

2. Setzen Sie den Mauszeiger in die Zeile *An* und geben Sie nun den Empfänger Ihrer Nachricht ein, z.B. Andrea@mailexcite.com.

3. Wenn Sie dieselbe E-Mail noch einer weiteren oder mehreren Personen schicken möchten, dann geben Sie in der Zeile *Cc:* eine oder mehrere E-Mail-Adressen ein, getrennt durch Kommata.

4. Die Zeile *Betreff*: sollten Sie verwenden, damit der Empfänger gleich erkennen kann, um was es sich bei Ihrer Mitteilung handelt, und die verschiedenen E-Mails in der Empfangsliste anhand dieses Eintrags identifizieren kann. Auch Sie erleichtern sich dadurch Ihre E-Mail-Ablage.

5. Im Textfeld geben Sie den gewünschten Text über die Tastatur ein. Wenn Sie einen längeren Text schreiben, empfiehlt es sich, die E-Mail zu sichern. Wählen Sie dazu im Menü *Datei* des E-Mail-Fensters die Option *Speichern*, woraufhin die E-Mail im Ordner *Entwürfe* so lange gesichert ist, bis sie abgeschickt wird.

▶ **Tipp**

Sie können das Fenster zum Schreiben von E-Mails auch aus dem Browser heraus ausrufen. Im Netscape Navigator wählen Sie dazu im Menü **Datei** die Option **Neu/Datei** bzw. die Tastenkombination ⌨Strg+M. Im Internet Explorer wählen Sie im Menü **Datei** die Option **Neu/E-Mail.** Stets wird dabei das per Standardeinstellung festgelegte E-Mail-Programm aufgerufen, d.h., falls Sie lieber mit dem Internet Explorer surfen, aber mit dem Netscape Messenger Ihre E-Mails verschicken und Sie das so festgelegt haben, würde bei dieser Einstellung Messenger und nicht Outlook aufgerufen werden.

E-Mails verschicken

So geht's mit Netscape Messenger

1. Wenn Sie nun die zuvor korrekt abgefasste E-Mail versenden wollen, dann stellen Sie zunächst die Online-Verbindung her.

2. Anschließend drücken Sie auf den Button *Senden* im E-Mail-Fenster oder Sie wählen alternativ im Menü *Datei* die Option *Jetzt senden*. In einem Status-Fenster ist der Fortschritt des Sendevorgangs ersichtlich.

Nachdem die E-Mail erfolgreich verschickt wurde, befindet sie sich in dem Ordner *Sent*. Auch ist sie aus *Drafts* verschwunden, falls sie dort gesichert wurde.

Dialog beim Versenden einer E-Mail

So geht's mit Microsoft Outlook

 Stellen Sie zunächst eine Online-Verbindung her, um die zuvor abgefasste E-Mail zu versenden.

 Danach drücken Sie in der Symbolleiste von Outlook auf den Button *Senden/Emp-fangen* oder wählen im Menü *Extras* die Optionen *Alle senden und empfangen/Alle Senden*. In einem Status-Fenster erkennen Sie den Fortschritt des Sendevorgangs. Alternativ verschicken Sie die E-Mail mit Hilfe der Tastenkombination [Strg]+[M].

 Nachdem die E-Mail erfolgreich versendet wurde, befindet sie sich in dem Ordner *Gesendete Objekte*. Auch ist Sie aus dem Ordner *Entwürfe* verschwunden, falls sie dort gesichert wurde.

▶ **Tipp zur Organisation**

Um Ihre E-Mails gleich beim Senden und Empfangen in den richtigen Ordner zu organisieren, stehen Ihnen diverse Regeln zur Verfügung. Lesen Sie dazu bitte den Abschnitt **E-Mails filtern und Regeln anwenden.**

E-Mails empfangen

So geht's mit Netscape Messenger

1 Stellen Sie eine Online-Verbindung her.

2 Klicken Sie in der Symbolleiste auf den Button *Nachr. abr.* oder wählen Sie im Menü *Datei* die Option *Neue Nachrichten* abrufen. Falls neue E-Mails vorhanden sind, befinden sich diese im Posteingangsfenster, der Inbox. Sofern keine neuen E-Mails auf dem Server für Sie bereitliegen, werden Sie darüber in der Statuszeile mit dem Hinweis »Keine neuen Nachrichten auf dem Server« informiert.

3 Lesen Sie die neuen E-Mails, indem Sie die gewünschte E-Mail anklicken. Der Inhalt der Nachricht wird darunter im Nachrichtenfenster angezeigt.

Um zur jeweils nächsten ungelesenen E-Mail zu gelangen, klicken Sie sie entweder direkt an oder klicken Sie in der Symbolleiste auf den Button *Nächste* bzw. drücken Sie die Taste N .

So geht's mit Microsoft Outlook

1 Wenn Ihre E-Mails nicht automatisch abgerufen werden, dann wählen Sie im Menü *Extras* die Optionen *Senden und empfangen/Empfangen*. Anschließend befinden sich alle neu eingetroffenen E-Mails im Ordner *Posteingang*.

2 Um die neuen E-Mails lesen zu können, klicken Sie auf die entsprechende Nachricht, die dann im Vorschaufenster erscheint.

Um die Nachricht ganz lesen zu können, müssen Sie meist mit den Schiebebalken am rechten Rand bis ans Ende des Textes scrollen. Alternativ können Sie auch den Balken, der das Vorschaufenster von dem Eingangsfenster trennt, entsprechend verschieben. Die nächste Nachricht lesen Sie, indem Sie auf die gewünschte E-Mail klicken.

> ▶ **Tipp**
>
> Es empfiehlt sich, E-Mails nur in einem einzigen E-Mail-Programm zu lesen und zu verschicken, da sie nur in dem Programm gespeichert werden, in dem sie zuerst gelesen oder gesendet wurden. So erleichtern Sie sich die Organisation Ihrer elektronischen Korrespondenz.

E-Mails beantworten

Sie können auf eine E-Mail reagieren, indem Sie nur dem Absender der E-Mail antworten. Falls aber die ursprüngliche Nachricht von einem oder mehreren Absendern stammte oder andere Empfänger diese E-Mail möglicherweise in Kopie erhalten haben, dann können Sie all diesen Personen problemlos auf einmal antworten.

So geht's mit Netscape Messenger

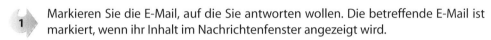 Markieren Sie die E-Mail, auf die Sie antworten wollen. Die betreffende E-Mail ist markiert, wenn ihr Inhalt im Nachrichtenfenster angezeigt wird.

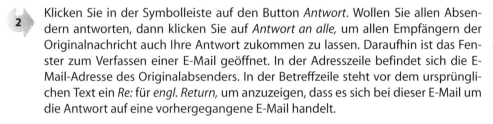 Klicken Sie in der Symbolleiste auf den Button *Antwort*. Wollen Sie allen Absendern antworten, dann klicken Sie auf *Antwort an alle,* um allen Empfängern der Originalnachricht auch Ihre Antwort zukommen zu lassen. Daraufhin ist das Fenster zum Verfassen einer E-Mail geöffnet. In der Adresszeile befindet sich die E-Mail-Adresse des Originalabsenders. In der Betreffzeile steht vor dem ursprünglichen Text ein *Re:* für engl. *Return,* um anzuzeigen, dass es sich bei dieser E-Mail um die Antwort auf eine vorhergegangene E-Mail handelt.

Der Cursor zum Schreiben Ihres neuen Textes befindet sich per Standard oberhalb der Originalnachricht, die als kursiver Text beigefügt wird. Wie Sie diese Standardeinstellungen ändern, erfahren Sie in Kapitel 6.

So geht's mit Microsoft Outlook

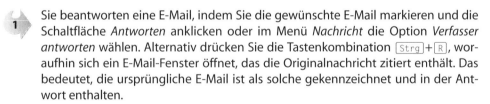 Sie beantworten eine E-Mail, indem Sie die gewünschte E-Mail markieren und die Schaltfläche *Antworten* anklicken oder im Menü *Nachricht* die Option *Verfasser antworten* wählen. Alternativ drücken Sie die Tastenkombination Strg+R, woraufhin sich ein E-Mail-Fenster öffnet, das die Originalnachricht zitiert enthält. Das bedeutet, die ursprüngliche E-Mail ist als solche gekennzeichnet und in der Antwort enthalten.

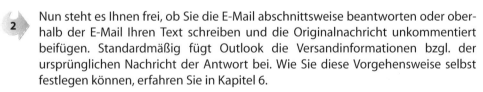 Nun steht es Ihnen frei, ob Sie die E-Mail abschnittsweise beantworten oder oberhalb der E-Mail Ihren Text schreiben und die Originalnachricht unkommentiert beifügen. Standardmäßig fügt Outlook die Versandinformationen bzgl. der ursprünglichen Nachricht der Antwort bei. Wie Sie diese Vorgehensweise selbst festlegen können, erfahren Sie in Kapitel 6.

Mehreren Personen gleichzeitig antworten Sie, indem Sie den Button *Allen antworten* anklicken bzw. die Option *Allen antworten* im Menü *Nachricht* wählen.

Wenn die E-Mail gesendet wurde bzw. offline in den Ordner der zu sendenden Objekte verschoben wurde, dann ist die E-Mail, auf die geantwortet wurde, mit einem violetten, nach links zeigenden Pfeil versehen.

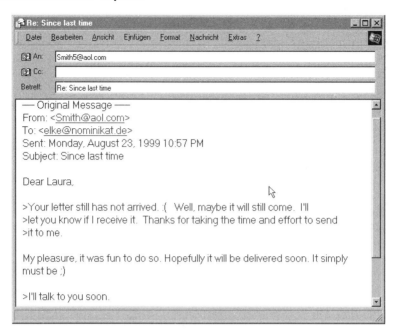

Beantworten einer E-Mail

E-Mails auf Rechtschreibfehler prüfen

Nachdem Sie Ihre E-Mail abgefasst haben, können Sie den Text noch auf seine Richtigkeit prüfen lassen.

> ▶ **Tipp für Messenger**
>
> Standardmäßig wird bei der Installation eines E-Mail-Programms diejenige Version der Rechtschreibprüfung installiert, in welcher das Programm selbst abgefasst ist. Wenn Sie beispielsweise die deutsche Version der Software installiert haben, aber auch häufig E-Mails in Englisch verfassen, dann installieren Sie sich zusätzlich diese Rechtschreibprüfung. Sie erkennen dieses Plug-In an der Dateiendung .dat. So heißt die deutschsprachige Plug-In pgr2s321.dat und das englische pen4s324.dat. Sobald Sie die Rechtschreibprüfung laufen lassen, können Sie auswählen, für welche Sprache die Korrektur gelten soll.

So geht's mit Netscape Messenger

 Prüfen Sie Ihre E-Mail auf Rechtschreibfehler, indem Sie im E-Mail-Fenster auf den Button *Rechtschr.* klicken oder im Menü *Extras* die *Option Rechtschreibung prüfen* auswählen. Alternativ rufen Sie das Programm mit der Tastenkombination Strg + K auf.

 Falls Sie die Rechtschreibung für mehrere Sprachen installiert haben (siehe Tipp), dann wählen Sie zunächst diejenige Sprache aus, für die die Rechtschreibprüfung gelten soll.

Jedes falsch geschriebene Wort wird im Feld *Wort* angezeigt und darunter im Feld *Vorschläge* sehen Sie alle möglichen Schreibweisen bzw. Bedeutungsvarianten. Entscheiden Sie selbst, ob der Vorschlag der Rechtschreibhilfe stimmt. Wenn ja, dann klicken Sie auf *Ändern*. Wenn das betreffende Wort genau so geschrieben werden soll, dann klicken Sie auf *Ignorieren*. Wenn es sich um einen neuen Begriff handelt, den das Rechtschreibprogramm noch nicht kennt, können Sie ihn Ihrem persönlichen Wörterbuch hinzufügen, indem Sie *Aufnehmen* anklicken. Wenn Sie in Ihrem Wörterbuch Änderungen vornehmen wollen, dann klicken Sie dazu auf den Button *Wörterbuch bearbeiten*.

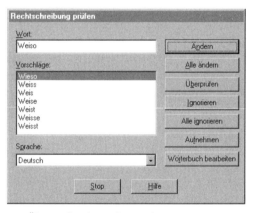

Das Überprüfen der Orthographie im Messenger

So geht's mit Microsoft Outlook

 Sie können Ihre E-Mail auf Rechtschreibfehler prüfen, indem Sie im E-Mail-Fenster im Menü *Extras* die *Option Rechtschreibung...* auswählen. Alternativ rufen Sie das Programm durch Drücken der Taste F7 auf.

 Korrigieren Sie Ihren Text wie für Netscape Messenger beschrieben.

E-Mails weiterleiten

Wenn Sie eine E-Mail einem oder mehreren anderen Menschen zukommen lassen möchten, dann senden Sie diese einfach weiter. Eine im Messenger weitergeleitete E-Mail erkennen Sie an dem Kürzel *Fwd.* und den eckigen Klammern in denen die ursprüngliche Betreffzeile eingeschlossen ist. In Outlook wird das Weiterleiten lediglich mit FW vor der Betreffzeile gekennzeichnet. Dabei stehen *Fwd* und *Fw* für engl. *forward*, (nachsenden, weiterleiten).

So geht's mit Netscape Messenger

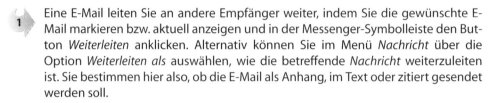

Eine E-Mail leiten Sie an andere Empfänger weiter, indem Sie die gewünschte E-Mail markieren bzw. aktuell anzeigen und in der Messenger-Symbolleiste den Button *Weiterleiten* anklicken. Alternativ können Sie im Menü *Nachricht* über die Option *Weiterleiten als* auswählen, wie die betreffende *Nachricht* weiterzuleiten ist. Sie bestimmen hier also, ob die E-Mail als Anhang, im Text oder zitiert gesendet werden soll.

Nun haben Sie die Möglichkeit, im Textfeld noch etwas dazuzuschreiben, oder die E-Mail gleich so abzusenden, sobald Sie online sind.

So geht's mit Microsoft Outlook

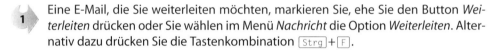

Eine E-Mail, die Sie weiterleiten möchten, markieren Sie, ehe Sie den Button *Weiterleiten* drücken oder Sie wählen im Menü *Nachricht* die Option *Weiterleiten*. Alternativ dazu drücken Sie die Tastenkombination ⌨Strg+⌨F.

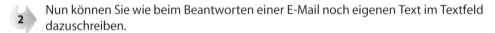

Nun können Sie wie beim Beantworten einer E-Mail noch eigenen Text im Textfeld dazuschreiben.

Nachdem die E-Mail offline in den Ordner der zu sendenden Objekte verschoben oder online gesendet wurde, ist die ursprüngliche E-Mail durch einen nach rechtszeigenden, blauen Pfeil als weitergeleitet markiert.

E-Mails an mehrere Empfänger schicken

Sie schicken eine E-Mail problemlos an mehrere Empfänger. Im Netscape Messenger füllen Sie dafür die entsprechenden Adressfelder aus und in Outlook geben Sie alle Adressen durch Kommata getrennt ein. Alles weitere geht genauso wie in den Abschnitten *E-Mails schreiben* und *E-Mails verschicken* beschrieben.

▶ **Tipp**

Sie wollen mehreren Personen gleichzeitig dieselbe E-Mail schicken, ohne dass diese ihre Namen auf der Empfangsliste lesen können? Dann tragen Sie in das To-Feld Ihre eigene E-Mail-Adresse ein, schicken die E-Mail also primär an sich. Alle anderen Empfänger tragen Sie als Blind Carbon Copy ein, d.h. die Empfänger erhalten die E-Mail als »Bcc« und sehen dort weder ihren eigenen noch einen fremden Namen. In der Kopfzeile der E-Mail befindet sich lediglich Ihre E-Mail-Adresse.

E-Mails mit Anhang empfangen und bearbeiten

Eine E-Mail mit Anhang erkennen Sie an der Büroklammer, die eine Anlage signalisiert. Je nachdem, um welche Anlage es sich handelt, wird diese unterschiedlich gespeichert. Entweder es wird gleich das Datei-Dialogfenster zum Speichern der Anlage geöffnet oder Sie werden zur Sicherheit gefragt, ob Sie die Anlage erst einmal nur öffnen oder gleich speichern möchten. Wenn Sie die Möglichkeit haben, die Datei erst einmal zu öffnen, ohne zu speichern, dann mag dies oftmals die bessere Methode sein. Allerdings schützt Sie diese Vorgehensweise nicht vor Viren, wovor nur ein sorgfältiger Umgang mit fremden Informationen schützen kann (siehe Kapitel 14).

▶ **Attachment**

Wenn Sie einer E-Mail eine Datei beifügen, nennt sich diese Anlage **Attachment** (Anhang). Sie können einer E-Mail beliebige Dateien anhängen, allerdings muss der Empfänger über ein entsprechendes Programm verfügen, mit dem er Ihre Attachments öffnen kann.

Sicherheitsabfrage im Messenger

Sie werden nicht jedes Mal gefragt, wie Sie mit der Anlage verfahren wollen, dennoch empfiehlt es sich, das Sicherheits-Dialogfenster immer anzeigen zu lassen. Um das Dialogfenster als mögliche Warnung stets anzeigen zu lassen, markieren Sie *Vor dem Öffnen einer Datei dieses Typs immer Benutzer fragen*. Wenn Sie sich für *Auf Festplatte speichern* entscheiden, dann wird das Windows-Dialogfenster zum Speichern von Dateien geöffnet. Wenn Sie *Öffnen* wählen, dann wird der Anhang in dem Programm geöffnet, das ihn richtig interpretieren kann. Wenn Sie nicht über die entsprechende Software verfügen, dann erscheint ein entsprechender Hinweis. In diesem Fall sollten Sie beim Sender der E-Mail nachfragen, womit Sie die Anlage öffnen können. Wenn Sie HTML-Anlagen erhalten, dann werden diese direkt im E-Mail-Fenster von Messenger und Outlook angezeigt, da beide Programme HTML-Code verstehen.

> ▶ **Tipp**
>
> Wenn Sie mit einer angehängten Datei nichts anfangen können, weil Ihnen möglicherweise die notwendige Software zum Öffnen der Datei fehlt, dann versuchen Sie bei Tucows das entsprechende Programm zu finden: http://www.tucows.com.

So geht's mit Netscape Messenger und Microsoft Outlook

 Doppelklicken Sie auf die Anlage, um sie entweder direkt zu öffnen oder auf der Festplatte zu speichern.

 Klicken Sie auf die Schaltfläche mit der Büroklammer, um eine andere Darstellungsart der Anlage zu erhalten.

E-Mail mit Anlagen im Messenger

E-Mails mit Anhang versenden

So geht's mit Netscape Messenger

 Nachdem Sie eine E-Mail verfasst haben, klicken Sie auf die Schaltfläche *Anfügen* und wählen aus dem Klappmenü, ob Sie eine Datei, eine Website oder Ihre Visitenkarte anhängen möchten. Wenn Sie der E-Mail eine Datei beifügen möchten, dann klicken Sie auf *Datei* und wählen aus dem Dateifenster die gewünschte Datei aus.

Dialogfenster zum Einfügen einer Webadresse

 Fügen Sie über den Button *Anfügen* gegebenenfalls weitere Anlagen hinzu.

 Unterhalb des Adressfeldes, neben dem Symbol mit der Büroklammer, sind die Anlagen nun eingetragen. Dort können Sie die Anlagen auch wieder löschen, indem Sie auf die Büroklammer klicken und dann im Feld den Text löschen.

So geht's mit Microsoft Outlook

 Schreiben Sie eine E-Mail und klicken Sie anschließend im E-Mail-Fenster auf den Button *Einfügen*, um ein Dialogfenster zu öffnen. Alternativ wählen Sie im Menü *Extras* des E-Mail-Fensters entweder die Option *Anlage* oder *Text von Datei*, die beide gleichfalls ein Dialogfenster öffnen. Die Auswahl *Bild* im Menü *Extras* öffnet nach Anklicken des Buttons *Durchsuchen* ebenfalls das Dialogfenster, bietet aber zusätzlich die Möglichkeit, das Layout des beigefügten Bildes zu bestimmen.

 Fügen Sie über die Schaltfläche *Einfügen* gegebenenfalls weitere Anlagen hinzu.

E-Mails organisieren

Wenn Sie Ihre E-Mails oder zumindest einen Teil davon archivieren möchten, dann können Sie diese in entsprechenden Ordnern ablegen. Wie papierene Korrespondenz lässt sich auch die elektronische in Ordnern organisieren. Einige Ordner sind von den jeweiligen E-Mail-Programmen bereits angelegt, weitere können Sie selbst hinzufügen.

So geht's mit Netscape Messenger

1 Wählen Sie im Menü *Datei* die Option *Neuer Ordner*.

2 Im daraufhin erscheinenden Dialogfenster wählen Sie aus, wo der neue Ordner erstellt werden soll. Entscheiden Sie sich für den geeigneten Ort und geben Sie dem Ordner zudem einen Namen, den Sie im Feld *Name* festlegen. Natürlich können Sie den Namen später auch wieder ändern, indem Sie im Menü *Datei* die Option *Ordner umbenennen* wählen.

3 Klicken Sie auf *OK* und schon ist der neue Ordner erstellt. Sie organisieren nun Ihre E-Mails, indem Sie diese per Drag&Drop in die entsprechenden Ordner verschieben.

4 Sie löschen einen Ordner mit allen darin organisierten E-Mails, indem Sie ihn markieren und `Entf` drücken. Es erscheint ein Warnhinweis, um Sie vor einem ungewollten Löschvorgang zu schützen. Der gelöschte Ordner befindet sich zunächst im Ordner *Trash*.

▶ **Tipp**

Innerhalb eines Ordners lassen sich natürlich weitere Ordner anlegen. Dazu gehen Sie entweder wie hier beschrieben vor oder Sie wählen die entsprechende Option im Kontextmenü aus. Durch Anklicken mit der rechten Maustaste rufen Sie das Kontextmenü auf, das weitere Optionen zur komfortablen Organisation bereit hält.

So geht's mit Microsoft Outlook

1 Wählen Sie im Menü *Datei* die Optionen *Neu/Ordner* oder *Ordner/Neu*. Alternativ dazu drücken Sie die Tastenkombination `Strg`+`⇧`+`E`.

2 In dem daraufhin erscheinenden Dialogfenster legen Sie den Ort fest, an dem der Ordner erstellt werden soll.

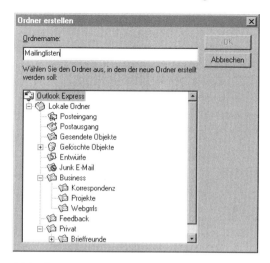

Dialogfenster zum Erstellen eines Ordners

3 Alternativ setzen Sie die den Mauszeiger an die gewünschte Stelle in der Ordnerliste und wählen aus dem Kontextmenü (Klick mit rechter Maustaste) die Option *Neuer Ordner*, woraufhin ebenfalls das Dialogfenster zum Erstellen eines Ordners erscheint.

4 Sie löschen einen Ordner samt der darin enthaltenen E-Mails, indem Sie ihn markieren und dann entweder ⌨Entf drücken oder im Menü *Datei* die Optionen *Ordner/Löschen* wählen. Ein Hinweis warnt Sie vor einem eventuell ungewollten Löschvorgang. Der gelöschte Ordner befindet sich zunächst im Ordner *Gelöschte Objekte*.

E-Mails löschen

Beim Löschen einer E-Mail wird diese nicht vollständig aus dem System entfernt, sondern zunächst in einem speziellen Ordner aufbewahrt. Während Netscape diesen Ordner *Trash* nennt, heißt er bei Microsoft *Gelöschte Objekte*. Beide bezeichnen damit einen Papierkorb, der explizit geleert werden muss, um die darin enthaltenen E-Mails und Ordner endgültig zu löschen.

> ▶ *Ordner löschen*
>
> Das Löschen von Ordnern ähnelt dem Löschen von E-Mails, nur erscheint hierbei eine Sicherheitsabfrage, die Sie vor einem unbeabsichtigten Löschvorgang warnt.

So geht's mit Netscape Messenger

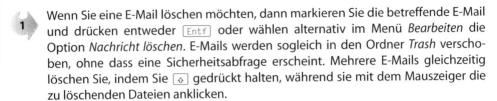

1 Wenn Sie eine E-Mail löschen möchten, dann markieren Sie die betreffende E-Mail und drücken entweder ⌊Entf⌋ oder wählen alternativ im Menü *Bearbeiten* die Option *Nachricht löschen*. E-Mails werden sogleich in den Ordner *Trash* verschoben, ohne dass eine Sicherheitsabfrage erscheint. Mehrere E-Mails gleichzeitig löschen Sie, indem Sie ⌊⇧⌋ gedrückt halten, während sie mit dem Mauszeiger die zu löschenden Dateien anklicken.

2 Um E-Mails wirklich von Ihrem Rechner zu entfernen, muss der virtuelle Papierkorb explizit geleert werden. Wählen Sie dazu im Menü *Datei* die Option *Papierkorb leeren auf Lokal-Mail*. Alternativ dazu klicken Sie mit der rechten Maustaste auf den Ordner *Trash* und wählen aus dem Kontextmenü die Option *Ordner "Gelöschte Objekte" leeren*.

So geht's mit Microsoft Outlook

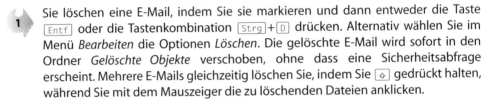

1 Sie löschen eine E-Mail, indem Sie sie markieren und dann entweder die Taste ⌊Entf⌋ oder die Tastenkombination ⌊Strg⌋+⌊D⌋ drücken. Alternativ wählen Sie im Menü *Bearbeiten* die Optionen *Löschen*. Die gelöschte E-Mail wird sofort in den Ordner *Gelöschte Objekte* verschoben, ohne dass eine Sicherheitsabfrage erscheint. Mehrere E-Mails gleichzeitig löschen Sie, indem Sie ⌊⇧⌋ gedrückt halten, während Sie mit dem Mauszeiger die zu löschenden Dateien anklicken.

2 Um E-Mails unwiderruflich zu löschen, muss der virtuelle Papierkorb explizit geleert werden. Rufen Sie dazu im Menü *Bearbeiten* die Option *Ordner "Gelöschte Objekte" leeren* auf. Alternativ klicken Sie mit der rechten Maustaste auf den Ordner *Gelöschte Objekte* und wählen aus dem Kontextmenü die Option *Ordner "Gelöschte Objekte" leeren*.

E-Mails elektronische Visitenkarten beifügen

Um nicht jedes Mal aufs Neue Ihre Adresse einer E-Mail beifügen zu müssen, erstellen Sie am besten eine elektronische Visitenkarte und lassen diese automatisch anhängen. Beachten Sie allerdings, dass diese Visitenkarten von einigen E-Mail-Programmen möglicherweise nicht richtig interpretiert werden können. Wenn Sie sicher gehen wollen, fügen Sie zusätzlich oder an Stelle der E-Card Ihre Adresse als Signatur bei (siehe *E-Mails Signaturen beifügen* weiter hinten in diesem Kapitel).

> **Vorteil von E-Cards**

Wenn Sie eine E-Mail mit elektronischer Visitenkarte erhalten, dann ist es für Sie einfach, all diese Informationen per Mausklick in Ihr eigenes Adressbuch zu übernehmen. Umgekehrt sind Empfänger Ihrer elektronischen Visitenkarte ebenfalls in der Lage, Ihre Informationen abzuspeichern. Voraussetzung aber ist, dass Ihr Gegenüber ebenfalls ein modernes E-Mail-Programm einsetzt.

So geht's mit Netscape Messenger

1 Wählen Sie im Menü *Bearbeiten* die Option *Einstellungen...*

2 In der Kategorienliste klicken Sie auf *Mail&Diskussionsforen* und dann auf *Identität*. Es erscheint das Fenster zum Festlegen der persönlichen Einstellungen.

3 Klicken Sie auf den Button *Karte bearbeiten*, woraufhin ein Fenster zum Bearbeiten der Karte erscheint. Tragen Sie hier in den einzelnen Feldern die entsprechenden Daten ein. Es bleibt Ihnen überlassen, wie viele Informationen Sie preis geben wollen. Speichern Sie die Einträge durch Klicken auf *OK*.

4 Klicken Sie in die Kontrollkästchen neben *Persönliche Karte an Nachrichten anhängen*, um die soeben erstellte Visitenkarte Ihren E-Mails immer beizufügen. Wenn Sie das Kästchen unmarkiert lassen, wird keine Visitenkarte beigeheftet.

Elektronische Visitenkarte in Netscape Messenger

So geht's mit Microsoft Outlook

1 Wählen Sie im Menü *Extras* die Auswahl *Optionen*.

2 Im Dialogfenster *Optionen* klicken Sie auf die Registerkarte *Erstellen*.

3 Speichern Sie alle Einstellungen, indem Sie durch Klicken auf *OK* das Dialogfenster verlassen.

4 Entscheiden Sie sich nun, ob die Visitenkarte E-Mails und/oder Newsgroup-Beiträgen angehängt werden soll. Obwohl hier die Möglichkeit dazu besteht, sollten Sie dennoch davon absehen, Ihre Visitenkarte auch in Newsgroups zu posten, da dies dort nicht gerne gesehen wird. Erfahren Sie mehr darüber in Kapitel 8.

5 Die elektronische Visitenkarte ist eng verzahnt mit der Funktionalität des Adressbuches, weshalb sich an dieser Stelle auch Adressen aus dem Adressbuch als Visitenkarte beifügen lassen.

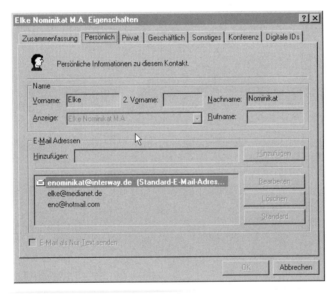

Elektronische Visitenkarte in Outlook

E-Mails Signaturen beifügen

Text, den Sie im Grunde immer in einer E-Mail benötigen, können Sie als Signatur darin aufnehmen. Oder speichern Sie Ihre persönlichen Informationen als Signatur ab. Zudem lassen sich Aphorismen oder griffige Zitate als Signatur, d.h. einer E-Mail eine persönliche Note beifügen.

So geht's mit Netscape Messenger

1 Erstellen Sie in einem Texteditor den gewünschten Text und speichern Sie ihn auf der Festplatte Ihres Rechners ab. Bei dem Text sollte es sich um eine Text-Datei ohne Formatierungen handeln, die Sie beispielsweise mit dem Windows Notepad erstellen können.

2 Wählen Sie im Menü *Bearbeiten* die Option *Einstellungen...*

3 In der Kategorienliste klicken Sie auf *Mail&Diskussionsforen* und dann auf *Identität*. Es erscheint das Fenster zum Festlegen der persönlichen Einstellungen.

4 Klicken Sie auf den Button *Wählen, um das Datei-Dialogfenster aufzurufen, in dem Sie die zuvor erstellte Signaturdatei auswählen. Durch Klicken auf die Schaltfläche Öffnen wird das Dialogfenster geschlossen und die gewünschte Datei ist im Feld von Unterschriftsdatei eingetragen.*

5 Wenn Sie nun eine neue E-Mail schreiben, dann ist im Textfeld Ihre soeben erstellte Signatur zu sehen.

So geht's mit Microsoft Outlook

1 Wählen Sie im Menü *Extras* die Auswahl *Optionen*.

2 Im Dialogfenster *Optionen* klicken Sie auf die Registerkarte *Signaturen*.

3 Klicken Sie auf den Button *Neu*, woraufhin weitere Optionen aktiv werden.

4 Tragen Sie nun den gewünschten Text im Feld von *Text* ein. Alternativ markieren Sie den Radioknopf neben *Datei* und klicken den Button *Durchsuchen* an. Im Datei-Dialogfenster wählen Sie die gewünschte Textdatei aus.

5 Wenn Sie mehrere E-Mail-Konten besitzen, dann entscheiden Sie sich, für welches Ihrer Konten die Signatur gelten soll, indem Sie auf den Button *Erweitert* klicken und in dem zugehörigen Dialogfenster Ihre Einstellungen treffen.

6 Legen Sie fest, wann die Signatur einzufügen ist. Soll die Signatur jeder E-Mail beigefügt werden, so markieren Sie die entsprechende Kontrollkästchen. Das Kontrollkästchen von *Keine Signatur bei Antworten und weitergeleiteten Nachrichten* klicken Sie an, wenn eine solche E-Mail ohne Ihre Signatur versendet werden soll.

7 Durch Anklicken der Schaltfläche *Umbenennen* geben Sie der Signatur einen griffigeren Namen anstelle von »Signatur #1« usw.

8 Bestimmen Sie, welche Signatur standardmäßig in Ihren E-Mails erscheinen soll, indem Sie die gewünschte Signatur markieren und den Button *Standard* anklikken.

9 Löschen Sie Signaturen aus der Liste, indem Sie sie markieren und auf den Button *Entfernen* klicken. Ohne weiteren Hinweis ist dann die betreffende Signatur gelöscht.

10 Fügen Sie die gewünschte Anzahl Signaturen hinzu und schließen Sie den Vorgang durch Klicken auf *OK* ab.

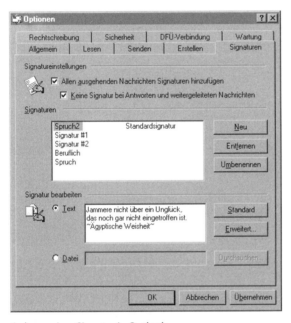

Anlegen einer Signatur in Outlook

E-Mails filtern und Regeln anwenden

Je mehr Menschen am Internet teilnehmen, desto mehr Informationen schwirren durch das Netz. Dabei handelt es sich leider nicht immer um erwünschte Informationen: Werbe-E-Mails, Kettenbriefe und Viren in Attachments versteckt können eine lästige Erscheinung in Ihrem E-Mail-Briefkasten werden. Auch wird es immer schwerer in Newsgroups, unter der Flut von Artikeln diejenigen zu erkennen, die interessante Informationen erhalten. Mit den Filtern und Regeln von Messenger und Outlook gibt es zumindest einen Lösungsansatz für diese Problematik. Immer mehr Informationen müssen in kürzerer Zeit verarbeitet werden, weshalb es sinnvoll sein kann, bestimmte E-Mails bereits bei ihrem Eintreffen in entsprechenden Ordnern zu organisieren. Beispielsweise lassen sich täglich erscheinende Mitteilungen in einem Ordner namens »Newsletter« sammeln. Auch können Sie Ihre ausgehende Korrespondenz in verschiedenen Fächern ablegen.

> ▶ **Achtung**

Manche Kombinationen verschiedener Kriterien können dazu führen, dass sich die gefilterten E-Mails nicht mehr wiederfinden lassen. Wenn Sie beispielsweise möchten, dass alle E-Mails, die Sie einer bestimmten Person schicken und folglich in der Adresszeile ein »An« tragen, im Korrespondenzordner dieser Person zu liegen kommen, würden auch Rundschreiben, die sich ebenfalls an diese Person richten, von Ihnen unbemerkt, gleichfalls sofort in diesem Ordner landen. Wenn Sie ein sehr unpräzises Kriterium wie »Bei Status gelesen in Papierkorb« anwenden, dann würden alle bereits gelesenen E-Mails in den Papierkorb wandern, was Sie möglicherweise nicht in dieser Konsequenz wünschen.

So geht's mit Netscape Messenger

1 Wählen Sie im Menü *Bearbeiten* die Option *Nachrichtenfilter...*

2 In dem Dialogfenster bestimmen Sie in der Klappliste von *Filter für*, ob der bzw. die Filter für Ihre Inbox oder Newsgroups gelten soll(en).

3 Anschließend klicken Sie auf den Button *Neu*, um das Fenster zum Definieren von Filtern aufzurufen. Füllen Sie die Felder sinnvoll, indem Sie dem Filter einen Namen geben und Kriterien festlegen, für die der Filter gelten soll.

4 Schließen Sie das Fenster durch Anklicken von *OK* und erstellen Sie gegebenenfalls weitere Filter, indem Sie im Fenster *Nachrichtenfilter* den Button *Neu* anklicken.

5 Wenn Sie keine weiteren Filter hinzufügen möchten, schließen Sie den Vorgang durch Klicken auf *OK* ab.

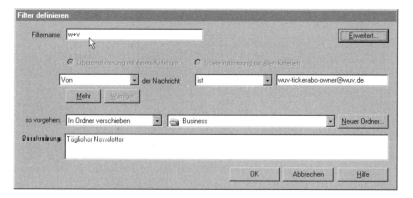

Messenger-Dialogfenster zum Erstellen von Nachrichtenfiltern

So geht's mit Microsoft Outlook

1 Wählen Sie im Menü *Extras* die Option *Regeln* und im Untermenü entscheiden Sie sich für eine der vier angebotenen Kategorien. Um einen Filter für E-Mails zu erstellen, wählen Sie die Option *E-Mail...*

2 Auf der Registerkarte *Nachrichtenregeln* klicken Sie auf den Button *Neu*, woraufhin Ihnen der Regeleditor mit einer Vielzahl von möglichen Kombinationen zur Verfügung steht.

3 Im ersten Feld wählen Sie eine oder mehrere Bedingungen aus, die gelten müssen, damit die Regel greift. Im zweiten Feld entscheiden Sie sich, was mit der E-Mail passieren soll, wenn die im ersten Feld markierte Bedingung eingetreten ist. Auch hier können Sie mehrere Aktionen festlegen. Im dritten Feld verfeinern bzw. ergänzen Sie die festgelegten Regeln an den farbig markierten Stellen. Im vierten Feld geben Sie der Regel noch einen griffigen Namen.

4 Schließen Sie das Erstellen der Regeln durch Klicken auf *OK* ab. Erstellen Sie weitere Regeln durch Anklicken des Neu-Buttons.

5 Um eine Regel ändern zu, markieren Sie die gewünschte Regel und klicken auf die Schaltfläche *Ändern*. Ebenso können Sie eine Regel kopieren oder löschen.

6 Soll eine Regel für einen gewissen Zeitraum außer Kraft gesetzt werden, dann deaktivieren Sie das Kontrollkästchen vor dem betreffenden.

Regeln definieren in Outlook

▶ **Achtung**

> Da alle Regeln nacheinander ausgeführt werden, kann es u.U. nötig sein, Regeln zu ändern. Markieren Sie dazu die betreffende Regel und verschieben Sie sie mit den Schaltflächen **Nach oben** bzw. **Nach unten** an die gewünschte Stelle.

Filter für Junk-E-Mail in Microsoft Outlook

Junk-E-Mails, auch Spam-Mails genannt, sind ein Ärgernis, dem sich nur schwer begegnen lässt. Dabei handelt es sich meist um Werbung, die in großen Mengen über das Internet verschickt wird und Sie zum Besuch einer Website oder zum Kauf eines Produkts bewegen will. Weitere Junk-E-Mails kursieren nach Vorbild der Kettenbriefe im Internet.

Outlook versucht, Junk-E-Mails mit einem automatischen Filter Herr zu werden. Erkannte Junk-E-Mails werden in den speziellen lokalen Ordner *Junk-E-Mail* verschoben.

1 Wählen Sie im Menü *Extras* die Option *Regeln* und wechseln Sie auf die Registerkarte *Junk-E-Mails*.

2 Dort markieren Sie das Kontrollkästchen *Junk-E-Mail Erkennung aktivieren*.

3 Anschließend legen Sie mit Hilfe des Reglers fest, wie restriktiv die Erkennung gehandhabt werden soll.

4 Zuletzt definieren Sie, in welchem Rhythmus der Junk-E-Mail-Ordner automatisch gelöscht werden soll.

▶ **Nachteil**

> So schön sich das Verfahren mit den Junk-E-Mails in der Theorie anhört, in der Praxis bringt Ihnen ein solcher Filter wenig. Zum einen müssen die Junk-E-Mails erst über das Internet geladen werden, bevor sie untersucht werden können, wodurch Sie also keine Ladezeiten sparen. Zum anderen kommt es durchaus vor, dass auch »normale« E-Mails als Junk-E-Mails erkannt werden, weshalb Sie regelmäßig in den Junk-E-Mail-Ordner schauen sollten, ob dort nicht versehentlich wichtige Informationen gelandet sind.

E-Mails gestalten

Es ist möglich, nicht nur blanken Text in einer E-Mail zu verschicken, sondern dank HTML können Sie diesen auch gestalten. Sie können sogar den üblichen weißen Hintergrund durch farbige Bilder ersetzen und sonstige Ausschmückungen anbringen. Doch gehen Sie sparsam damit um. In der Geschäftswelt sind solche personalisierten E-Mails ungern gesehen und in Newsgroups sollten Sie ebenfalls keine HTML-Nachrichten posten. Dennoch sei nachfolgend kurz beschrieben, wie Sie mehr Farbe in den Cyber-Alltag bringen.

So geht's mit Netscape Messenger

1 Schreiben Sie eine neue E-Mail.

2 Markieren Sie eine bestimmte Stelle im Text und wählen Sie aus der Symbolleiste, die sich zwischen Adress- und Textfeld befindet, eine andere Schriftart, Schriftfarbe oder sonstige Markierung aus.

3 Auf der Registerkarte *Seiteneigenschaften* legen Sie die gewünschten Farben für Hyperlinks fest.

4 Um beispielsweise eine Datei als Hintergrund Ihrer E-Mail in das Textfeld zu kopieren, wählen Sie im Menü *Format* des E-Mail-Fensters die Option *Seitenfarben und -eigenschaften*.

5 Anschließend markieren Sie die Checkbox neben *Grafik verwenden* und drücken auf die Schaltfläche *Datei wählen*. Es öffnet sich das Datei-Dialogfenster.

6 Im Datei-Dialogfenster entscheiden Sie sich für die gewünschte Bilddatei.

7 Schließen Sie die Einstellungen durch Drücken auf *OK* ab. Nun ist der ausgewählte Hintergrund in der E-Mail enthalten. Je nachdem, wie groß dieser ist, wird er nicht vollständig angezeigt.

So geht's mit Microsoft Outlook

 Um eine E-Mail mit einem speziellen Hintergrund zu versehen, wählen Sie im Menü *Nachricht* die Option *Neue Nachricht mit* und entscheiden sich dann für den gewünschten Hintergrund, wie beispielsweise *Efeu*.

 Daraufhin können Sie Ihre E-Mail wie gewohnt schreiben und verschicken und haben eine Efeuranke als Hintergrund. Bedenken Sie allerdings, dass der Empfänger dieser Nachricht auch über ein HTML-fähiges E-Mail-Programm verfügen muss, um Ihre E-Mail lesen zu können.

 Den Text einer E-Mail gestalten Sie, indem Sie aus der Symbolleiste, die sich zwischen Betreffzeile und Textfeld befindet, die gewünschten Layoutmittel wählen.

E-Mails drucken

Sie drucken eine E-Mail aus, indem Sie die gewünschte E-Mail markieren und auf den Button *Drucken* klicken oder die Tastenkombination Strg + P drücken. Alternativ rufen Sie im Menü *Datei* die Auswahl *Drucken...* auf, woraufhin sich das übliche Dialogfenster zum Drucken einer Datei öffnet.

In E-Mail-Ordnern Informationen finden

Wenn sich bereits viele E-Mails in den verschiedenen Ordnern angesammelt haben, kann die Übersicht verloren gehen. Um eine Nachricht schnell wieder zu finden, stehen Suchmöglichkeiten zur Verfügung.

So geht's mit Netscape Messenger

 Rufen Sie im Menü *Bearbeiten* die Auswahl *Nachrichten durchsuchen* auf, woraufhin sich ein Suchen-Dialogfenster öffnet.

 Aus der Klappliste von *Objekte suchen in* wählen Sie den gewünschten Ordner und tragen in die Suchfelder die gewünschten Kriterien ein.

 Durch Klicken auf den Button *Suchen* wird die Suche gestartet. In einem Anzeigefeld werden die gefundenen Einträge angezeigt, die Sie durch Doppelklicken öffnen können.

So geht's mit Microsoft Outlook

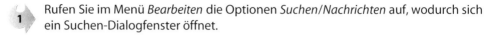

1 Rufen Sie im Menü *Bearbeiten* die Optionen *Suchen/Nachrichten* auf, wodurch sich ein Suchen-Dialogfenster öffnet.

2 Tragen Sie in die zur Verfügung stehenden Felder die gewünschten Suchkriterien ein. Sie können sogar eine Datumssuche oder eine Suche nach Anlagen durchführen lassen.

3 Klicken Sie auf den Button *Durchsuchen*, um den Vorgang zu starten.

Das Adressbuch in Netscape Messenger nutzen

Adressbücher sind eine feine Sache, besonders wenn sie in elektronischer Form vorliegen. Sowohl Netscape als auch Microsoft haben ihr E-Mail-Programm mit einem komfortablen Adressbuch ausgestattet. Sie können zu einer Adresse eine Vielzahl verschiedener Einträge vornehmen und diese auf verschiedenste Arten organisieren und verwalten.

Adressbuch aufrufen und eine E-Mail schreiben

1 Sie rufen das Adressbuch auf, indem Sie auf das entsprechende Symbol in der Netscape-Leiste doppelklicken oder im Menü *Communicator* die Option *Adressbuch* wählen. Alternativ drücken Sie die Tastenkombination Strg+⇧+2.

2 Nun können Sie durch das Adressbuch blättern, indem Sie auf einzelne Einträge klicken und sich die zugehörigen Informationen anzeigen lassen.

3 Markieren Sie den gewünschten Adressaten und klicken Sie auf den Button Neue Nachr. Der soeben ausgewählte Empfänger ist in der Adresszeile eingetragen und Sie können die E-Mail schreiben und abschicken.

Adressbuch in Netscape Messenger

Neue Adresse eintragen

 Legen Sie einen neuen Kontakt in Ihrem Adressbuch an, indem Sie auf die Schaltfläche Neue Karte klicken.

 Tragen Sie alle verfügbaren Informationen in die freien Felder der Adressbuchkarte ein.

 Nehmen Sie den neuen Kontakt durch Klicken auf OK in Ihr Adressbuch auf.

Einen Adressbucheintrag löschen

Sie löschen einen Eintrag, indem Sie entweder auf den Button Löschen klicken oder den Eintrag markieren und `Entf` drücken.

Adressbuchansichten festlegen

Verschiedene Ansichten und Sortiermodi finden Sie im Menü Ansicht. Wählen Sie daraus, wie Sie die einzelnen Einträge sortiert und angezeigt haben möchten.

Adressen importieren

 Wenn Sie Ihr Adressbuch aus einer anderen E-Mail-Anwendung in Netscape Messenger übernehmen wollen, dann wählen Sie im Menü Datei des Adressbuchs die Option Importieren.

 Wählen Sie aus dem Importprogramm-Fenster das gewünschte E-Mail-Format aus.

Beachten Sie, dass zum einen nicht alle Formate unterstützt werden und zum anderen die, die unterstützt werden, nicht immer zur vollständigen Zufriedenheit funktionieren.

Adressen exportieren

 Um Ihr Adressbuch auf einen anderen Rechner zu überspielen, müssen Sie die Adressen exportieren. Wählen Sie dazu im Menü Datei des Adressbuchs die Option Exportieren.

 Anschließend legen Sie fest, wohin das Adressbuch mit der Endung LDIF gespeichert werden soll.

 Speichern Sie das Adressbuch unter einem griffigen Namen z.B. auf einer Diskette.

Adressbuch organisieren

Unterteilen Sie Ihr Adressbuch in verschiedene Kategorien, beispielsweise in Familie, Freunde, Geschäftspartner und dergleichen mehr.

 Wählen Sie dazu im Menü *Datei* des Adressbuchs die Option *Neues Adreßbuch*.

 Vergeben Sie einen passenden Namen für das neue Adressbuch.

 Kopieren Sie aus dem persönlichen Adressbuch die gewünschten Adressen in das neue Adressbuch.

 Löschen Sie gegebenenfalls Adressen aus dem allgemeinen Adressbuch, wenn Sie diese nur mehr im neuen zur Verfügung haben möchten. Oder klicken Sie die betreffende Adresse mit der rechten Maustaste an und wählen Sie die Option *Ausschneiden*, um anschließend die entfernte Adresse in dem neuen Adressbuch durch Kontextmenüauswahl von *Einfügen* wieder einzufügen.

Das Adressbuch in Microsoft Outlook nutzen

Im Outlook-Adressbuch lassen sich Adressen bequem organisieren. Sie können verschiedene Kategorien vergeben, die jeweils auf separaten Registerkarten ausgefüllt werden, die durch Doppelklicken auf einen Adressbucheintrag geöffnet werden.

Adressbuch aufrufen

 Sie öffnen das Adressbuch, indem Sie entweder auf den Button *Adressen* klicken oder im Menü *Extras* die Option *Adressbuch* wählen. Alternativ drücken Sie die Tastenkombination Strg + ⇧ + B .

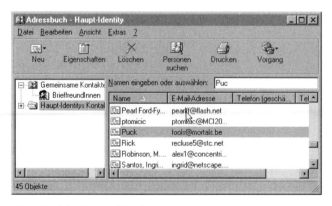

Adressbuch in Microsoft Outlook

Neue Adresse eintragen

 Tragen Sie in Ihr Adressbuch eine neue Adresse ein, indem Sie im Menü *Datei* die Option *Kontakt* wählen. Alternativ klicken Sie auf die Adressbuch-Symbolschaltfläche, woraufhin sich das Adressbuch öffnet.

 Klicken Sie auf die Schaltfläche *Neu* und wählen Sie dann *Neuer Kontakt...*, woraufhin sich das Dialogfenster *Eigenschaften* öffnet.

 Tragen Sie auf den verschiedenen Registerkarten die zur Verfügung stehenden Informationen ein.

 Wenn Sie alle gewünschten Felder ausgefüllt haben, speichern Sie die Änderungen im Adressbuch durch Klicken auf *OK*.

Einen Eintrag löschen

Sie löschen eine veraltete oder unerwünschte Adresse im Adressbuch, indem Sie den betreffenden Eintrag markieren und die Taste Entf drücken, woraufhin Sie ein Warnhinweis vor einem versehentlichen Löschen zu bewahren versucht. Alternativ klicken Sie auf den Button *Löschen*, der ebenfalls eine Sicherheitsabfrage nach sich zieht.

Ansichten festlegen

Vielfältige Möglichkeiten, wie Sie die Adressen, Erscheinungsbild des Adressbuchs und die Sortiermodi festlegen können, finden Sie im Menü *Ansicht*.

Adressen importieren

 Wenn Sie eine andere Adresse in Ihr Outlook-Adressbuch übernehmen wollen, dann wählen Sie im Menü Datei des Adressbuchs die Optionen *Importieren/ Adressbuch*.

 Wählen Sie aus dem Fenster *Importprogramm für das Adressbuch* das gewünschte E-Mail-Format aus. Gegebenenfalls müssen Sie im Datei-Dialogfenster nach der passenden Datei suchen, d.h. sie explizit angeben.

 Über die erfolgreiche Importierung des Adressbuchs werden Sie per Hinweis informiert.

Beachten Sie, dass zum einen nicht alle Formate unterstützt werden und zum anderen die, die unterstützt werden, nicht immer zur vollständigen Zufriedenheit funktionieren.

Adressen exportieren

1 Um Ihr Adressbuch ortsunabhängig zur Verfügung zu haben, können Sie die Adressen exportieren. Wählen Sie dazu im Menü Datei des Adressbuchs die Optionen *Exportieren/Adressbuch*.

2 Dann legen Sie in einem Dateidialogfenster fest, wohin das Adressbuch mit der Endung gespeichert werden soll.

Beachten Sie, dass Outlook das Adressbuch lediglich als Textdatei mit durch Kommata getrennten Einträgen speichert.

Personen im Adressbuch suchen

1 Wenn Sie das Adressbuch intensiv nutzen, wird es stetig anwachsen. Um nicht lange suchen zu müssen, gibt es eine Suchfunktion. Öffnen Sie das Adressbuch, indem Sie auf den Button *Adressen* klicken oder alternativ die Option *Adressbuch* im Menü *Extras* wählen.

2 Klicken Sie auf den Button *Personen suchen*.

3 Tragen Sie im Suchfenster den gesuchten Namen oder Teile davon ein. Dieser Angabe entsprechend wird das Suchergebnis genauer oder weniger genau ausfallen. Klicken Sie auf den Button *Suchen*.

4 Markieren Sie den Namen der gesuchten Person und lassen Sie sich die zugehörigen Informationen durch Anklicken von *Eigenschaften* anzeigen.

5 Suchen Sie zudem nach einer bestimmten E-Mail-Adresse, Telefonnummer, Rufnummer oder anderen Kriterien, vorausgesetzt, diese wurden in das Adressbuch eingetragen.

> ▶ **Tipp**
>
> Beschränken Sie sich bei der Personensuche nicht nur auf Ihr eigenes Adressbuch, sondern lassen Sie im Online-Betrieb auch in den verschiedenen Online-Adressbüchern weltweit suchen. Wenn Sie auf diesem Wege eine gesuchte Person gefunden haben, dann fügen Sie deren Daten durch Anklicken des Buttons **Dem Adressbuch hinzufügen** in Ihr persönliches Adressbuch hinzu.

Elektronische Postkarten verschicken

Wenn Sie einmal mehr wollen, als lediglich eine E-Mail – und sei sie noch so ausgeschmückt – zu verschicken, wie wär's dann mit einer elektronischen Postkarte? Viele Zeitschriften und TV-Sender haben elektronische Postkarten im Angebot auch viele andere Website-Betreiber entdecken diese Art der Werbung. Außerdem stellen viele private Homepage-Besitzer diverse Postkarten zur Verfügung und die professionellen Services wie Grußkartenhersteller und Blumendienste fehlen natürlich auch nicht. Sie tragen den Namen und die E-Mail-Adresse des Empfängers sowie die eigene ein, geben einen Text ein, den Sie oft noch etwas grafisch gestalten können, wählen das gewünschte Motiv aus und schicken den elektronischen Gruß ab. Oftmals können Sie Ihre elektronische Postkarte noch mit Musik versehen und vor dem Versand auf korrekte Orthographie prüfen lassen.

Bei Bluemountain (http://www1.bluemountain.com) gibt es zu jeder Gelegenheit die passende elektronische Grußkarte. Der Service ist zwar auf Englisch, aber auch wenn Sie es kaum sprechen, können Sie sich hier dennoch eine Karte aussuchen und Ihren eigenen Text schreiben. Das besondere an diesem Kartenservice ist, dass Sie sich darüber in Kenntnis setzen lassen können, wann der Empfänger der Karte diese bei Bluemountain virtuell abgeholt hat. Weitere Postkartendienste gibt es bei: http://www.corbis.com oder http://www.all-yours.net.

Mailing-Listen und Newsletter

Um möglichst viele Menschen gleichzeitig mit interessanten Informationen zu versorgen, gibt es Mailing-Listen und Newsletter. Die Begriffe bezeichnen beide nahezu dasselbe, müssen Sie doch explizit eine Mailing-Liste oder einen Newsletter abonnieren, d.h. ohne dass Sie der Zusendung zustimmen, passiert nichts. Einmal abonniert, können Sie den Service auch wieder abbestellen, vorausgesetzt, Sie haben sich den entsprechenden Code gemerkt. Mittlerweile bieten Print-Medien, Hörfunk und TV ihre eigenen Newsletter an und private Initiativen unterrichten über interessante Neuigkeiten in Mailing-Listen. Kinos informieren ihre Kunden in Mailing-Listen über das neue Programm, Geschäfte halten attraktive Sonderangebote feil und der Newsletter der eigenen Tageszeitung liefert wertvolle Hintergrundberichte. Abonnieren Sie einige Newsletter, tragen Sie sich in Mailing-Listen ein und testen Sie die verschiedenen Angebote, aber lassen Sie sich von der Informationsflut nicht erschlagen.

Adresse	Bedeutung
Liszt http://www.liszt.com	Über 90.000 Mailing-Listen hat Liszt verzeichnet. Hier kann nach Herzenslust gestöbert werden, entweder Sie geben den gesuchten Begriff direkt in das Suchfeld ein oder Sie klicken auf eine der Kategorien und wählen dort das Gewünschte aus. Liszt leitet Sie dann auf die entsprechende Website oder den Webserver weiter. Der Dienst von Liszt ist in Englisch, so auch die verzeichneten Mailing-Listen und Newsletter.
http://www.firstsurf.de	Der Newsletter von Firstsurf macht in erster Linie auf das eigene Angebot aufmerksam, das kompetent zu allen Fragen des täglichen Lebens informiert.
http://www.freewarepage.de	Wenn Sie an kostenloser Software und täglichen Neuerungen interessiert sind, dann bestellen Sie doch den Newsletter von Freeware.
http://www.wuv.de	W&V Werben und Verkaufen
http://www.finanzenonline.de	Finanzen Online

Wie tausche ich mich in Newsgroups aus?

Die Attraktivität des Internets ergibt sich nicht allein aus der unüberschaubaren Fülle an Informationen, sondern auch aus der Möglichkeit, sich mit anderen Menschen auszutauschen. Dieser Austausch erfolgt unter anderem in Newsgroups, auf Deutsch Diskussionsforen, oder in verschiedenen Chat-Räumen. Dort diskutieren Menschen miteinander, tauschen Erfahrungen und Erlebnisse aus oder haben einfach nur Spaß an der gemeinsamen schriftlichen Kommunikation.

> ▶ **Sprachen auffrischen**
>
> Zur Aufbesserung der eigenen Sprachkenntnisse oder um anderen beim Spracherwerb und korrekten Sprachgebrauch zu helfen, existieren die Newsgroups alt.usage.english, alt.usage.german, alt.usage.chinese, alt.usage.italiano sowie alt.usage.spanisch. In diesen Newsgroups findet stets ein reger Informationsaustausch statt.

Unterschied zwischen Newsgroups und Chatrooms

Newsgroups sind nicht mit Chatrooms zu verwechseln: In letzteren wird meist in Echtzeit und oftmals moderiert diskutiert, wohingegen in Newsgroups die Beiträge zeitunabhängig und meist unmoderiert geschrieben werden (mehr zum Thema Chat finden Sie in Kapitel 9). Ein Beitrag in einer Newsgroup wird als Artikel bezeichnet und der Vorgang des Veröffentlichens als Posten, dem englischen *to post* entlehnt. Wenn eine Newsgroup als moderiertes Diskussionsforum läuft, dann senden alle Newsgroup-Teilnehmer ihre Artikel zunächst einer bestimmten Person, die dann eine Auswahl trifft und sich darum kümmert, dass die zu veröffentlichen Beiträge weder anstößig sind noch vom eigentlichen Thema abweichen.

Newsgroups in der Theorie

Alle Diskussionsforen leben von den Beiträgen der diskutierenden Teilnehmer. Wenn Sie an einem bestimmten Thema interessiert sind, dann suchen Sie die entsprechende Newsgroup auf, lesen diese für ein paar Tage, um den Stil der Gruppe kennenzulernen, und posten dann selbst.

Von seiner äußeren Form her gleicht ein Beitrag in einer Newsgroup der einer E-Mail und auch das Übertragungsprinzip ist dasselbe. Allerdings unterscheiden sie sich in ihrer Bestimmung voneinander grundsätzlich. Während sich eine E-Mail an bestimmte Personen richtet und privaten Charakter hat, wendet sich ein News-Beitrag an eine theoretisch unüberschaubare Anzahl von Menschen bzw. an einen bestimmten Artikel in einer Newsgroup, der von vielen gelesen wird. Mit einem Posting in einer Newsgroup treten Sie also an die Öffentlichkeit und teilen Ihre Gedanken aller Welt mit. Allerdings ist dies tatsächlich nur rein theoretisch der Fall, da Newsgroups natürlich nicht von allen Menschen dieser Erde gelesen werden. Wie viele Interessierte diskutieren denn täglich miteinander? Je nach Thema finden sich 20 oder auch 500 Postings pro Tag, je nachdem, wie tagesaktuell ein Thema gerade ist. Beispielsweise sind Newsgroups, die sich mit der »Milleniumsproblematik« beschäftigen, umso stärker frequentiert, je näher das Ereignis rückt.

Oft wird daran erinnert, dass es stets Menschen sind, die sich im Internet begegnen. Und wenn diese Erinnerung auch langweilen mag, so ist es dennoch essentiell, sich diese Tatsache stets vor Augen zu halten. In einer E-Mail können Sie durchaus einen privateren Ton anschlagen, als Sie dies in der Öffentlichkeit tun würden, deshalb sollte auch ein Newsgroup-Artikel niemanden verletzen.

> ▶ **Für die Ewigkeit?**
>
> Bedenken Sie, dass all Ihre Newsgroup-Postings auf verschiedenen Servern dieser Erde gespeichert und Jahre später aus den entsprechenden Archiven hervorgeholt werden können. Es gibt verschiedene News-Dienste, die umfangreiche Archive betreiben. Bei Deja (http://www.deja.com) beispielsweise können all Ihre Artikel gefunden werden, indem diese entweder thematisch oder durch Eingabe Ihrer E-Mail-Adresse erfragt werden. Die Eingabe weiterer Suchkriterien ist ebenfalls möglich.

Die Archivierung Ihrer Newsgroup-Beiträge sollte Sie aber nicht davon abhalten, an Diskussionen, die Sie interessieren, teilzunehmen. Haben Sie Angst vor Datenschutzverletzung und wollen Sie deshalb lieber unter einem Pseudonym schreiben? Diese Idee ist verständlich, aber zumindest in deutschsprachigen Newsgroups nicht gern gesehen. Dort werden Sie oftmals aufgefordert, Ihren echten Namen zu nennen. In internationalen, englischsprachigen Newsgroups wird dies zumeist nicht so verbissen gehandhabt. Ob Sie dennoch lieber unerkannt mit anderen diskutieren, bleibt natürlich Ihnen überlassen.

Struktur der Newsgroups

Im Internet gibt es zigtausend verschiedene Newsgroups, die sich jeweils einem eigenständigen Thema widmen. Jeden Tag kommen neue hinzu und andere werden wieder aufgegeben, weil sich niemand mehr dafür interessiert. Auch werden Newsgroups nicht zentral verwaltet, sondern dezentral auf einem weltumspannenden Netz (Usenet) sogenannter News-Server gespeichert, die regelmäßig miteinander abgeglichen werden. Die Verbreitung von Informationen in Newsgroups erfolgt manchmal sogar schneller, als dies durch Fernsehen und Zeitung möglich ist.

Sie interessieren sich für ein bestimmtes Thema und möchten sich darüber mit anderen austauschen, dann sollten Sie die entsprechenden Newsgroups abonnieren. Das regelmäßige Lesen einer Newsgroup wird als »Abonnement« bezeichnet. In der Regel folgen auf ein Posting mehrere Artikel als Antwort, die erneut erwidert werden können. Alle zusammengehörigen Artikel werden als *Thread*, auf Deutsch Diskussionsfaden, bezeichnet. Allen Artikeln eines Threads ist gemeinsam, dass sie in der Regel dieselben Betreff-Zeilen aufweisen. Diese Feststellung gilt mit der Einschränkung, dass manchmal Betreffzeilen geändert werden und die zugehörigen Artikel dann je nach Newsreader nicht mehr unter demselben ursprünglichen Thread erscheinen.

Newsgroups sind hierarchisch organisiert, was die Suche nach bestimmten Gebieten wesentlich erleichtert. Der Name einer Newsgroup setzt sich aus den einzelnen Hierarchiestufen zusammen. In der Newsgroup *de.comm.infosystems.www.browser* werden beispielsweise Fragen zu den verschiedenen Browser-Typen erörtert. Dabei stehen *de* für deutschsprachig, *comm* für Kommunikation und *infosystems* für Informationssysteme. Analog dazu finden Sie in der Newsgroup *de.comm.internet.misc* allgemeine, deutschsprachige Diskussionen zu allem, was mit dem Internet zu tun hat. Spezifische Erörterungen, wie die verschiedenen Browser-Typen funktionieren, sollten jedoch in der speziellen Browser-Newsgroup stattfinden.

▶ **Tipp**

Abonnieren Sie eine Newsgroup und lesen Sie sie einige Zeit, bevor Sie das erste Mal selbst einen Beitrag schreiben, um sich mit dem Stil und dem Ton des jeweiligen Diskussionsforums vertraut zu machen.

Thematisch sind den Newsgroups so gut wie keine Grenzen gesetzt. Diskutiert wird über Hard- und Software genauso wie über Filmstars und deren Filme oder Politik, Wissenschaft und Medizin. Auch muss das Engagement in einer Newsgroup nicht auf die aktive Teilnahme darin beschränkt sein und so finden sich zu zahlreichen Newsgroups entsprechende Websites, die einer aus der Gruppe der regelmäßigen Mitglieder unterhält. Auch kommt es durchaus vor, dass der virtuelle Raum des Internets von Zeit zu Zeit verlassen wird, um sich in Natura zu begegnen.

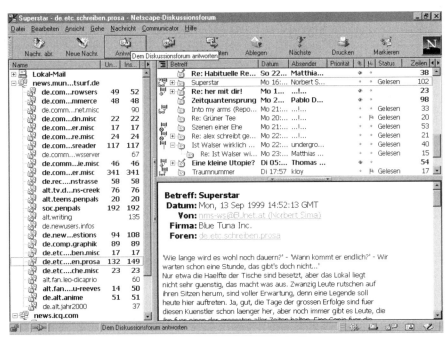

Darstellung abonnierter Newsgroups im Netscape Messenger

Wenn von anarchistischen Zuständen im Web die Rede ist, beziehen sich diese Vorwürfe meist auf die verschiedenen Newsgroups. Die Anonymität macht es einfach, unverblümt das zu schreiben, was man gerade denkt. Auch unmoralisches oder gar staatsfeindliches Gedankengut findet dort seine Anhänger und so werden in einigen Fällen die Grenzen des guten Geschmacks bei weitem überschritten. Leider trifft man auch immer wieder auf Zeitgenossen, die einen rüden Umgangston pflegen und in einer unangenehmen Art und Weise auf oft harmlose Anfragen reagieren. Manche blühen in der Anonymität regelrecht auf und trauen sich hier all das, was sie sonst nicht tun dürfen. Lassen Sie sich aber auch davon nicht abschrecken. Denken Sie einfach daran, dass sich in den Newsgroups ebenso viele verschiedene Menschen treffen wie im Leben außerhalb des Internets auch. Repräsentativ ist dieser Querschnitt der Bevölkerung nur bedingt.

▶ **Brieffreunde finden**

> Damit Teenager gleichaltrige Brieffreundschaften in aller Welt knüpfen können, gibt es die englischsprachige Newsgroup alt.teens.penpals. Erwachsenen steht soc.penpals zur Verfügung.

Voraussetzungen zur Teilnahme in Newsgroups

Um Newsgroup-Beiträge lesen und schreiben zu können, benötigen Sie einen News-Server. Üblicherweise bietet Ihr Internet-Provider einen oder mehrere News-Server an, die Sie bei ihm erfragen. Falls Ihr Provider keinen News-Server unterhält oder dieser News-Server möglicherweise nicht die von Ihnen gewünschte Newsgroup parat hält, bieten sich webbasierte News-Server an.

Prinzipiell können Sie jeden News-Server im Internet verwenden, jedoch bieten die meisten Provider einen eigenen News-Server an, von dem Sie die Artikel am schnellsten abrufen können. Beachten Sie, dass es jedem Provider freisteht, bestimmte Newsgroups nicht zu verbreiten, d.h. Ihnen nicht zur Verfügung zu stellen.

Webbasierte News-Server

Falls die von Ihnen gewünschte Newsgroup von Ihrem Provider nicht angeboten wird oder wenn Sie häufiger an einem anderen Arbeitsplatz als Ihrem gewohnten Newsgroup-Beiträge schreiben und abrufen wollen, dann bieten sich die webbasierten News-Services an. So gibt es für diese Fälle einige kostenlose Newsgroup-Dienste, die zusätzlich viele weitere interessante Angebote parat halten.

Deja.com

http://www.deja.com

Deja, noch bis vor kurzem als Dejanews bekannt, orientiert sich verstärkt in Richtung Webcommunity (siehe Kapitel 11) und glänzt durch besondere Features wie Meinungsumfragen zu allen möglichen Themen oder eine sehr umfangreiche Datenbank, die *Power Search*, in der nach zurückliegenden Beiträgen gesucht werden kann. Allerdings benötigt Deja bis zu vier Stunden, bis ein neuer Artikel in einer Newsgroup erscheint. Der englischsprachige Dienst ist dennoch eine der Top-Adressen im Internet.

Logo von Deja.com

Remarq

http://www.remarq.com

Remarq besticht durch seine Schnelligkeit. Auch ist die Bedienung des Service recht komfortabel. Threads lassen sich gut verfolgen und der Dienst arbeitet sehr zuverlässig. Wenn Sie stets vom selben Rechner über Remarq in Newsgroups posten, dann müssen Sie sich auch nicht jedesmal neu einloggen, sondern dank der Cookies sind Sie registrierter Benutzer. Ähnlich wie bei Yahoo (siehe Kapitel 5) sind bereits viele Kategorien für Sie zum Auswählen bereitgestellt und eine Vielzahl interessanter Links runden das Angebot ab.

Personalisierter News-Service in Remarq

> ▶ **Tipp**
>
> Um komfortabel über Deja, Remarq & Co. Newsgroups abrufen und beantworten zu können, sollten Sie die entsprechende URL in Ihre Lesezeichen- bzw. Favoritenliste aufnehmen (siehe Kapitel 4).

Talkway

http://www.talkway.com

Logo von Talkway

Talkway ist ebenfalls empehlenswert, wenn Sie sich nach einem News-Dienst umsehen, bei dem Sie keinerlei Konfiguration vornehmen müssen, sondern nach erfolgreicher Registrierung gleich loslegen können.

> ▶ **Hinweis**
>
> Für das Schreiben, Posten, Beantworten, Weiterleiten, Organisieren, Drucken, Filtern oder Suchen eines Newsgroup-Beitrags stehen in Netscape Messenger und Microsoft Outlook dieselben Möglichkeiten wie für E-Mails zur Verfügung (siehe Kapitel 7).

Newsgroups abonnieren und wieder abbestellen

Um sich mit Netscape Messenger oder Microsoft Outlook in Newsgroups austauschen zu können, ist das vorherige Abonnieren der gewünschten Newsgroups notwendig.

Um Newsgroups zu abonnieren, müssen Sie zunächst die aktuelle Liste der Newsgroups herunterladen, was beim ersten Mal einige Minuten in Anspruch nehmen kann.

So geht's mit Netscape Messenger

1 Wählen Sie im Menü *Datei* die Option *Abonnieren*. Daraufhin öffnet sich ein Dialogfenster.

2 Klicken Sie auf den Button *Server hinzufügen*, um den News-Server Ihres Internet-Providers, den Sie bei Ihrer Anmeldung erhalten haben, hier einzutragen. Schließen Sie die News-Server-Bestimmung durch Anklicken von *OK* ab.

3 Anschließend warten Sie, bis alle oder zumindest ein Teil der verfügbaren Newsgroups angezeigt werden. Wenn Sie genau wissen, welche Newsgroup Sie abonnieren möchten, geben Sie den betreffenden Namen in dem Feld neben Diskussionsforum ein (siehe nächste Abbildung). Andernfalls suchen Sie mit Hilfe der Schiebeleisten nach den gewünschten Newsgroups und klicken Sie im Feld von *Abonnieren* auf das entsprechende Angebot. Zum Zeichen, dass Sie die betreffende Newsgroup gewählt haben, erscheint ein Häkchen hinter dem Titel. Alternativ klicken Sie auf den Button *Abonnieren*.

4 Wählen Sie beliebig viele Newsgroups aus und schließen Sie Ihre Auswahl durch Drücken der Schaltfläche *OK* ab.

5 Anschließend befinden sich die (neu) abonnierten Newsgroups in der Inbox des Messenger.

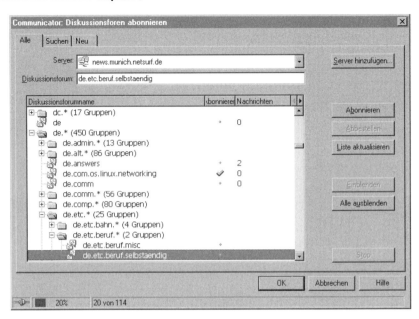

Abonnieren von Newsgroups via Netscape Messenger

6 Sie bestellen eine Newsgroup wieder ab, indem Sie sie im Messenger-Fenster anklicken und `Entf` drücken. Alternativ öffnen Sie das Fenster zum Abonnieren der Newsgroup und deaktivieren das Häkchen, das das Abonnement anzeigt.

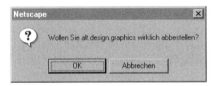

Sicherheitsabfrage beim Abbestellen einer Newsgroup

So geht's mit Microsoft Outlook

1 Wählen Sie im Menü *Extras* die Option *Newsgroups*, woraufhin sich ein Dialogfenster öffnet.

2 Markieren Sie die gewünschte Newsgroup und klicken Sie den Button *Abonnieren* an. Daraufhin ist die betreffende Newsgroup mit einem Pin als abonnierte Newsgroup gekennzeichnet.

3 Wählen Sie so viele Newsgroups, wie Sie abonnieren möchten, und schließen Sie den Vorgang durch Klicken auf *OK* ab.

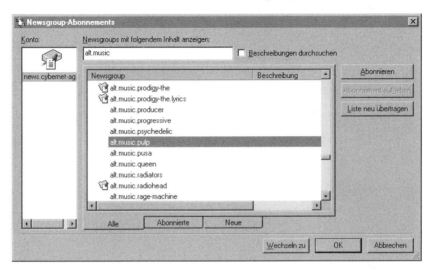

Abonnieren von Newsgroups via Microsoft Outlook

Um eine Newsgroup abzubestellen, klicken Sie die betreffende Newsgroup an und drükken Entf. Alternativ öffnen Sie das Fenster zum Abonnieren der Newsgroup, markieren die betreffende Newsgroup und klicken auf die Schaltfläche *Abonnement aufheben*.

Auf der Registerkarte *Abonnierte* sehen Sie, welche Newsgroups Sie bereits aktiviert haben.

Newsgroup-Artikel laden und offline lesen

Um mit Netscape- oder Microsoft-Produkten Artikel in einer Newsgroup lesen zu können, müssen Sie die entsprechende Newsgroup abonniert haben (siehe Abschnitt weiter oben). Wenn Sie dies aus irgendeinem Grund nicht können oder möchten, dann lesen Sie die Diskussionsbeiträge über einen der webbasierten Newsreader (siehe Abschnitt weiter oben).

▶ Newsgroup-Slang

▶ Nicht nur in englischsprachigen Newsgroups, sondern auch in den deutschen werden Sie auf englische Ausdrücke stoßen:

▶ »Newbie« bezeichnet einen Usenet-Neuling.

▶ »OT« steht für »Off Topic« und markiert Beiträge, die am eigentlichen Thema der jeweiligen Newsgroup vorbeigehen.

▶ »Regular« umfasst alle Personen, die regelmäßig in einer Newsgroup posten.

▶ »Spoiler«, meist in der Kopfzeile eines Artikels, warnt vor einem Beitrag, der bisher unbekannte Informationen preisgibt – ein in beispielsweise cineastischen Foren oft gebrauchter Hinweis. Üblicherweise wird zwischen der Spoilerankündigung und dem eigentlichen Text etliche Zeilen Platz gelassen, so dass niemand aus Versehen das Unerwünschte trotzdem liest.

▶ »Troll« bezeichnet einen Störenfried, dessen einziges Bestreben darin liegt, in der betreffenden Newsgroup Unfrieden zu stiften, anstatt sich inhaltlich am Geschehen zu beteiligen.

So geht's mit Netscape Messenger

1 Klicken Sie im Messenger auf die Newsgroup, deren Artikel Sie laden wollen.

2 Falls Sie die Artikel online lesen möchten, dann klicken Sie auf den Button *Nachr. abr.* Um die Artikel jedoch wirklich abzurufen und online zu lesen, wählen Sie im Menü *Bearbeiten* die etwas seltsam benannte Option *Eigenschaften des Diskussionsforums* aus.

3 Auf der Registerkarte *Einstellungen für das Herunterladen* legen Sie fest, aus welchem Zeitraum die Beiträge stammen sollen. Allerdings richtet sich diese Zeitraumangabe danach, wie regelmäßig Ihr Provider die News-Server abgleicht. Auf der Registerkarte *Speicherplatz* bestimmen Sie, wie lange die Artikel zur Verfügung stehen sollen. Auf *Allgemein* sehen Sie, wie viele Artikel vorhanden sind und ob Sie in HTML erstellte Beiträge empfangen wollen oder nicht. Rufen Sie alle Artikel ab, indem Sie auf den Button *Jetzt herunterladen* klicken.

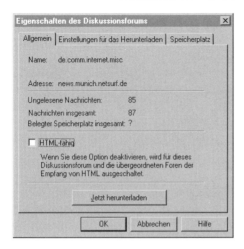

Dialogfenster zum Laden der Newsgroup-Artikel

4 Anschließend beginnt der Download. Währenddessen können Sie die Artikel anderer Newsgroups herunterladen, im Internet surfen oder Ihre E-Mails lesen. Je nach Umfang dauert der Vorgang des Downloads einige Minuten.

5 Wenn der Download beendet ist, können die Artikel im Messenger gelesen werden.

6 Um Telefonkosten zu sparen, sollten Sie offline gehen. Dazu wählen Sie im Menü *Datei* die Option *Offline* und daraus *Synchronisieren*.

7 In dem erscheinenden Dialogfenster legen Sie fest, welche Bereiche Sie abgleichen möchten, und drücken anschließend auf *Schließen*.

8 Die zuvor ausgewählten Objekte stehen nur zur Offline-Bearbeitung zur Verfügung. Sie können die Online-Verbindung stoppen.

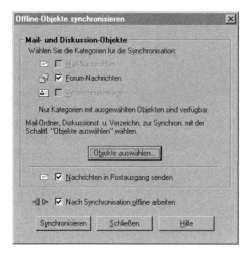

Das Synchronisieren von Artikeln im Netscape Messenger

So geht's mit Microsoft Outlook

1 Wählen Sie im Menü *Extras* die Optionen *Senden und empfangen* und *Alles empfangen*. Anschließend werden alle markierten Artikel der Newsgroup vom News-Server geladen.

2 Um eine Newsgroup offline zu lesen, klicken Sie mit der rechten Maustaste auf den Namen der Newsgroup und wählen aus dem *Kontextmenü die Option Zum Übertragen markieren* aus, welche Aktion gelten soll. Dabei lädt *Neue Kopfdaten* nur die Betreffzeilen aller neuen Artikel, wohingegen *Neue Nachrichten* alle neuen Nachrichten komplett herunterlädt. Die Auswahl *Alle Nachrichten* lädt alle Nachrichten komplett herunter.

3 Anschließend wählen Sie im Menü *Extras* die Option *Synchronisieren*, woraufhin die Artikel der aktuell markierten Newsgroup geladen werden und dann offline zur Verfügung stehen.

4 Zuletzt gehen Sie offline, indem Sie im Menü *Datei* die Option *Offlinebetrieb* wählen.

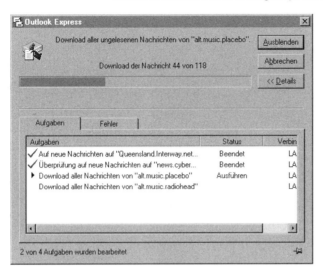

Das Synchronisieren von Artikeln in Microsoft Outlook

Beiträge lesen und schreiben

Jede Newsgroup lebt von den Beiträgen der einzelnen Teilnehmer. Artikel werden geschrieben, gepostet, gelesen und beantwortet, bis keinem mehr zu dem jeweiligen Thema etwas einfällt. Manche Threads fallen sehr kurz und manche erstaunlich lang aus.

▶ **Artikel beantworten**

Wenn Sie auf einen Newsgroup-Artikel antworten, dann entscheiden Sie sich, wo Ihre Antwort erscheinen soll. Sie können selbst bestimmen, ob Ihre Antwort nur in der betreffenden Newsgroup gepostet wird oder auch als E-Mail dem ursprünglichen Verfasser, auf den Sie sich beziehen, als E-Mail zugestellt wird. Auch beide Varianten kombiniert sind möglich. Üblicherweise wird eine Antwort nur in der betreffenden Newsgroup gepostet, von Fall zu Fall kann aber auch eine Benachrichtigung des ursprünglichen Adressaten sinnvoll sein.

So geht's mit Netscape Messenger

1 Um einen eigenen Beitrag zu verfassen, drücken Sie auf den Button *Neue Nachr.* woraufhin sich ein Fenster zum Schreiben einer Nachricht öffnet, in dem bereits die exakte Server-Adresse der Newsgroup im Adressfeld *Forum* eingetragen ist.

2 Das Schreiben und Versenden von Artikeln gleicht dem Umgang mit E-Mails (siehe Kapitel 7).

3 Um von einem ungelesenen Posting zum nächsten zu gelangen, drücken Sie den Button *Nächste* oder die Taste N.

4 Wenn Sie einen Thread solange es ihn gibt nicht aus den Augen verlieren möchten, dann drücken Sie W oder wählen im Menü *Nachricht* die Option *Thread beobachten*.

5 Um einen Thread nicht mehr weiterzuverfolgen, drücken Sie K oder wählen im Menü *Nachricht* die Option *Thread ignorieren*.

6 Sie antworten auf einen Artikel, indem Sie ihn markieren und den Button *Antworten* anklicken oder aus dem Nachrichtenmenü die Option *Antworten* anklicken. Es öffnet sich ein Fenster zum Schreiben der Antwort, das dieselben Merkmale wie das E-Mail-Fenster (siehe Kapitel 7) aufweist.

Im Menü *Nachricht* stehen weitere Optionen zum Umgang mit Newsgroup-Artikeln zur Verfügung.

So geht's mit Microsoft Outlook

1 Um einen neuen Newsgroup-Artikel zu schreiben, klicken Sie auf die Schaltfläche *Neuer New...* alternativ wählen Sie im Menü *Datei* die Optionen *Neue* und dann *Newsbeitrag* bzw. *Newsgroup*.

2 Das Schreiben und Versenden von Artikeln gleicht dem Umgang mit E-Mails (siehe Kapitel 7).

Im Menü von *Nachricht* und *Ansicht* stehen weitere Optionen zum Umgang mit Newsgroup-Artikeln zur Verfügung.

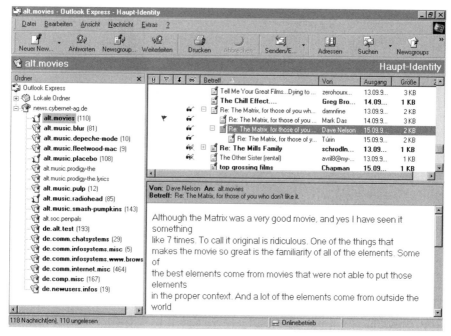

Darstellung abonnierter Newsgroups in Microsoft Outlook

Organisation der Newsgroup-Artikel

Sowohl im Netscape Messenger als auch in Microsoft Outlook stehen Ihnen dieselben Möglichkeiten zur Organisation aller Newsgroup-Artikel zur Verfügung, wie sie auch für den Umgang mit E-Mails (siehe Kapitel 7) existieren. Einige Besonderheiten sind nachfolgend aufgeführt.

Neu eingetroffene Artikel sind anhand des grünen Pfeils bzw. des roten Pins und der fetten Markierung zu erkennen. Die Anzahl der ungelesenen und aktuell vorhandenen Artikel sind im Messenger im rechten Fenster unterhalb der Spalten *Name*, *Ungelesen* und *Insgesamt* ersichtlich. Bei Outlook steht die Anzahl der vorhandenen Beiträge ebenfalls neben der entsprechenden Newsgroup.

Sie können die einzelnen Artikel nach Datum auf- oder absteigend, nach Absender, Status oder Thema und bei Outlook zusätzlich nach Größe sortieren lassen, indem Sie in die Leiste der betreffenden Spalte klicken. Die Brille neben einem Thread markiert das Beobachten eines Threads, ausgelöst durch Drücken von W bzw. in Outlook durch Auswahl von *Diskussionsfaden beobachten* im Menü *Nachricht*. Das Verbotsschild neben einem Thread symbolisiert im Messenger das Ignorieren eines Threads, nachdem die Taste K gedrückt wurde. Dazu muss in Outlook im Menü *Nachricht* die Option *Diskussionsfaden ignorieren* gewählt werden, woraufhin eine durchgestrichene Brille neben dem betreffenden Thread erscheint. Ein Plus-Zeichen neben einem Artikel weist auf weitere Artikel innerhalb desselben Threads hin, ein Minuszeichen zeigt den gesamten Thread an.

> ▶ **Tipp**
>
> Wenn Sie sich von einer bestimmten Thematik oder Person genervt fühlen, dann filtern Sie diese Beiträge einfach aus. Es gibt diverse Möglichkeiten, unerwünschte Artikel zu überspringen und nicht mehr lesen zu müssen. Die Einrichtung der Filter funktioniert analog wie für die E-Mail-Kommunikation beschrieben (siehe Kapitel 7). Zusätzlich sollten Sie Postings, die dem allgemeinen Geschmack zuwiderlaufen, an den Provider des betreffenden Absenders schicken.

Newsgroup-Kommunikation

Ein vielzitierter Begriff aus dem Web-Fachwortschatz ist die »Netiquette« (in Anlehnung an die *Etiquette* kreiert). Es geht dabei um die Do's and Don't's des Miteinander: Was kommt beim anderen gut an und was weniger gut an? Wenn Sie ein paar Gepflogenheiten beherzigen, sollten Sie keine Schwierigkeiten haben, sich schnell zurecht zu finden.

Verzichten Sie darauf, komplette Artikel in Ihrem Antwort-Posting zu zitieren, da eine Antwort bei mehreren aufeinanderfolgenden Artikeln schnell sehr lang und unübersichtlich werden kann. Besser ist es, sich aus einem Artikel kurze Stellen als Zitat herauszusuchen, auf die Sie dann gezielt antworten. Das, was Sie zitieren, muss jedoch als Zitat erkennbar sein.

Bedenken Sie, dass es in einer Newsgroup viele mitlesende Personen gibt. Falls sich zwischen Ihnen und einem anderen Teilnehmer eine Diskussion entspannt, die die Allgemeinheit eher nicht interessiert, dann sollten Sie dazu übergehen, alles weitere per privater E-Mail auszutauschen.

> ▶ **Übrigens**
>
> Bei weniger gefälligen Begriffen wird üblicherweise ein Teil des Wortes durch einen Asterisk (*) ersetzt, beispielsweise »verd*mmt«. Der Vorteil liegt darin, dass ein derart geschriebenes Wort von den meisten Suchmaschinen nicht erkannt und in einer Datenbanksuche nicht gefunden würde.

Fügen Sie Ihren Artikeln keine Anlagen bei, es sei denn, Sie befinden sich in einer »Binary«-Newsgroup, in der explizit Bilder gepostet werden. Andernfalls ist das Beifügen jeglicher Dateien im Usenet verpönt.

Hüten Sie sich vor ungewollten Aussagen in zu emotional geratenen Wortgefechten. Manchmal entwickeln Newsgroups eine recht seltsame Eigendynamik, die zu äußerst emotionalen Diskussionen gerade über eigentlich trockene Themen führt. Beispielsweise werden immer wieder hitzige Diskussionen entfacht, welches denn der beste Mailreader sei und Anhänger von Microsoft, Netscape oder anderen Anbietern ergießen sich in hetzigen Debatten darüber. Lassen Sie sich nicht durch die scheinbare Anonymität der elektronischen Kommunikation dazu verführen, etwas zu schreiben, das Sie einem Menschen nicht auch ins Gesicht sagen würden.

> ▶ **Achtung!**
>
> Ausschließliche Großschreibung wird in der elektronischen, schriftlichen Kommunikation als Anschreien interpretiert. Verwenden Sie also die im Deutschen übliche Groß- und Kleinschreibung, um nicht falsch verstanden zu werden. Dasselbe gilt übrigens auch für andere Sprachen.

Emoticons

Emoticons sind Zeichen, die leicht über Tastatur eingegeben werden können und in unterschiedlicher Zusammensetzung unterschiedliche Bedeutung haben. Aus dem sogenannten Ur-Emoticon bzw. dem Ur-Smiley haben sich alle anderen gebildet. Der Begriff *Emoticon* ist ein Kunstwort, das sich aus *emotion* (Gefühl) und *icon* (Computersymbol) zusammensetzt. Aus den verschiedenen Satzzeichen wird ein stilisierter Gesichtsausdruck, sobald Sie Ihren Kopf ein wenig zur Seite neigen.

Die Kommunikation in Newsgroups, Chatrooms und E-Mails findet auf schriftlichem Wege statt. Oftmals fehlt die Zeit oder die Laune, die eigene Stimmung oder das eigene Gefühl explizit zu beschreiben. Deshalb werden in der Online-Kommunikation gerne Abkürzungen bzw. Talk Modes (siehe Abschnitt weiter unten) oder Emoticons eingesetzt. Jeder, der im Internet kommuniziert, wird sehr schnell feststellen, dass die Emoticons tatsächlich helfen, einen Beitrag beim Gegenüber besser ankommen zu lassen. Allerdings schützen Emoticons natürlich nicht vor »Falschaussagen«.

Wie in der Kommunikation in gesprochener Sprache auch, sind sich nicht immer alle über die Bedeutung eines Emoticons bzw. Wortes einig. Deshalb sollten Sie ein Smiley nicht überbewerten. Falls Sie glauben, etwas falsch verstanden zu haben, fragen Sie lieber noch einmal nach. Die folgende Auflistung der gebräuchlichsten Emoticons wurde verschiedenen Definitionen und Newsgroups entnommen und deckt den größtmöglichen Konsens ab.

Ausdruck des Glücklichseins, Zustimmung

Emoticon	Bedeutung
:-)	lächeln, zustimmen (der Ursprungs-Smiley, von dem sich alle anderen ableiten)
:)	sehr glücklich sein
:-D	lachen, jemanden auslachen
;-)	vor Freude weinen

Ausdruck des Scherzens

Emoticon	Bedeutung
;-)	nicht ganz ernst gemeinte Aussage (Augenzwinkern)
,-)	mit dem rechten Auge zwinkern
'-)	mit dem linken Auge zwinkern
%-}	etwas wahnsinnig lustig finden
:*)	Spaß machen, den Clown spielen
;->	teuflisches Grinsen
:-T	sich das Lachen verkneifen

Ausruck der Zustimmung, Unterstützung

Emoticon	Bedeutung
:^D	Großartige Idee!
8-]	Wow! Echt?! Ausruf des Erstaunens
:-o	Wow! Ausruf des Erstaunens

Ausdruck des Ärgers und der Ironie

Emoticon	Bedeutung
>:-<	sehr verärgert, wütend sein
:-@	sehr verärgert sein, schreien
:-V	Schimpfen
:-P	Zunge rausstrecken
:->	sehr ironischen Kommentar abgeben, intensiver als ;-)

Ausdruck des Kommunikationsverhaltens

Emoticon	Bedeutung
:-&	einen Knoten in der Zunge haben
:-\	unentschlossen sein
:-*	Oops! Hoppla!
:-,	Hmm
\-o	sich langweilen, etwas langweilig finden
:-#	schweigen, versiegelte Lippen haben
:-X	schweigen, versiegelte Lippen haben
:-W	mit gespaltener Zunge sprechen

Ausdruck der Einfältigkeit und Müdigkeit

Emoticon	Bedeutung
:~/	gemischte Gefühle haben
%-)	ausgelaugt sein
(:I	Eierkopf
<:-I	Dummkopf
<:-)	sich die Eselskappe aufsetzen, aufgrund der dummen Frage, die man gestellt hat
I-O	Gähnen
I-I	eingeschlafen sein
:-6	erschöpft sein, »vernichtet« sein

Ausdruck der Verwunderung und Überraschung

Emoticon	Bedeutung
:>	Was?
:@	Was? Wie bitte?
:Q	Was?
:-o	Oh! Überraschung!
:O	schockiert sein
8-I	weitaufgerissene Augen vor Erstaunen
:-/	skeptisch sein, zweifeln
:-C	Das ist ja total unglaublich!

Audruck der Zuneigung

Emoticon	Bedeutung
: *	Küsschen
:-X	dickes Bussi geben
:-x	Küsschen, Küsschen
:-{}	Küsschen zuwerfen
((((Name))))	Umarmen der Person die in den Klammern steht
(( )) **	Umarmung und Küsschen (hugs and kisses)

Akronyme bzw. Talkmodes und Abkürzungen

In Chats, E-Mails oder Newsgroups-Artikeln werden Akronyme verwendet, die dazu dienen, eine Stimmung oder einen Sachverhalt kurz und prägnant zu bezeichnen. Obwohl die meisten Akronyme der englischsprachigen Kommunikation entstammen, werden sie dennoch in der Regel unverändert in die deutschsprachige elektronische Kommunikation übernommen. Versuche, deutsche Akronyme einzuführen, gibt es viele, dennoch haben sich mangels gemeinsamen Konsens bisher nur wenige durchgesetzt.

Die Eingabe der Talkmodes kann in Groß- oder Kleinschreibung erfolgen, entscheiden Sie selbst, was Sie bevorzugen. Wenn die Akronyme klein geschrieben werden, muss nicht einmal mehr die für die Großschreibung notwendige ⊙-Taste gedrückt werden, was für die Kleinschreibung spricht. Andererseits werden die Talkmodes auch oft groß geschrieben, damit sie sich vom übrigen Text optisch besser absetzen.

Die in spitzen Klammern stehenden Buchstaben sind keine Akronyme im eigentlichen Sinn, sondern in Anlehnung an die Beschreibungssprache HTML kreierte Formen. Alles, was in spitzen Klammern steht, heißt in HTML »Tag« und wirkt sich auf das zuvor oder nachfolgend Geschriebene aus. So steht <g> für <grin> und bedeutet, dass die unmittelbar zuvor geschriebene Bemerkung nicht ganz ernst gemeint ist. Weitere Formen sind denkbar und werden auch durchaus eingesetzt, wie zum Beispiel <smile> für <lächeln> anstatt des entsprechenden Emoticons :-) (siehe Abschnitt oben).

Akonym bzw. Talk Mode	Bedeutung
AAMOF	*as a matter of fact* – Tatsache ist
ACK	*acknowledge* – Zustimmung, Bejahen
AFAIK	*as far as I know* – soweit ich weiß
ASAP	*as soon as possible* – so schnell wie möglich
AWGTHTGTTA	*Are we going to have to go through that again?* – Müssen wir das wirklich nochmals durchkauen?
<bg>	*big grin* – breites Grinsen
BION	*believe it or not!* – Glaub' es oder lass es sein!
BFN	*by for now* – bis später
BOT	*back on topic* – zurück zum Thema
BRB	*(I'll) be right back.* – Bin gleich wieder da
BTW	*by the way* – übrigens
BYKT	*but you knew that* – Aber das weißt Du ja
CMIIW	*correct me if I'm wrong.* – Korrigiere mich, falls ich falsch liege
CU	*see you!* – Bis dann!
DAU	*dümmster anzunehmender User* (deutsches Akronym)
EOD	*end of discussion* – Ende der Diskussion, Schluss!
FYI	*for your information* – zu Deiner/Ihrer Information

Akonym bzw. Talk Mode	Bedeutung
\<g\>	*to grin* – grinsen
G, D&R	*grinning, ducking and running* – grinsen, ducken und schnell weglaufen
HAND	*have a nice day* – Einen schönen Tag noch!
HTH	*hope that helps.* – Hoffe, das hilft (hilft)
IIRC	*if I remember correctly* – wenn ich mich recht erinnere
IMHO	*in my humble opinion* – meiner bescheidenen Meinung nach
IOW	*in other words* – mit anderen Worten
\<jk\>	*just kidding* – Bemerkung ist im Spaß gemeint
LOL	*laughing out loud!* - Das ist ja zum Lachen!
MYOB	*mind your own business.* – Kümmere Dich um Deine eigenen Angelegenheiten
NBD	*no big deal* – keine große Sache, kein Problem
OIC	*oh – I see!* – Oh, ich verstehe.
RL	*real life* – nicht Cyberspace, sondern das echte Leben
ROFL	*rolling on floor laughing* – sich vor Lachen auf dem Boden wälzen, etwas besonders witzig finden
SCNR	*sorry, could not resist* – Tut mir leid, da konnte ich nicht widerstehen
TIA	*thanks in advance!* – Im voraus schon mal danke!
TRDMC	*tears running down my cheek* – Mir laufen Tränen die Wangen runter

Vorstellung einiger Newsgroups

Da täglich neue Newsgroups entstehen und andere wieder verschwinden, soll an dieser Stelle nur ein grober Überblick gegeben werden. Zudem wissen nur Sie selbst, welchen Themen Sie interessieren und ob Sie lieber an deutsch- und/ oder englischsprachigen Newsgroups teilnehmen möchten. Die folgende Tabelle zeigt die wichtigsten Hierarchien sowie einige hilfreiche Newsgroups.

de.alt.*

Für alternative Gruppen steht *de.alt*, d.h. für Newsgroups, über deren Gründung nicht lange debattiert werden soll. Um Alt-Newsgroups ins Leben zu rufen, genügt eine Meinungsumfrage in de.alt.admin. Aufgrund der einfacheren Entstehung können so besonders aktuelle Newsgroups gebildet werden, andererseits verschwinden diese auch schneller wieder.

Auswahl einiger Newsgroups aus der Hierarchie de.alt.*

de.alt	Thema
de.alt.admin	Diskussion über das Öffnen neuer und das Löschen alter de.alt-Newsgroups. Generelle Besprechung vieler de.alt-Newsgroups.
de.alt.anime	Besprechung japanischer Zeichentrickfilme und Cartoons in Büchern oder Zeitschriften. Für Fans der Mangas ein Muss.
de.alt.astrologie	Sinn und Unsinn von Astrologie, Horoskopen, Sternenkonstellationen usw.
de.alt.auto	Hier dreht sich alles um der Deutschen liebste Freizeitbeschäftigung.
de.alt.comics	Über verschiedenartigste Comics wird hier diskutiert. Auch wenn speziellere Newsgroups existieren, so ist hier der »Hauptsitz« der Diskussion um Comics. Wenn Sie sich für spezielle Comics interessieren, dann suchen Sie die entsprechende Newsgroup auf.
de.alt.dummschwatz	Diese Newsgroup erfreut sich besonders großer Beliebtheit. Der Name ist Programm.
de.alt.fan.*	Die Gruppen der de.alt.fan-Hierarchie sind die Diskussionsforen für Anhängerinnen und Anhänger verschiedener Gruppen, Personen, Tiere oder Dinge. Die jeweiligen Fans sind mit unterschiedlichem Ernst und Spaß bei der Sache.
de.alt.folklore.*	In den beiden Untergruppen Usenet und Comp wird über die Geschichte und Fortentwicklung von Usenet und Computern an sich debattiert. Hier plaudern Neulinge gemeinsam mit den sogenannten alten Hasen über alle Neuerungen und die »guten alten Zeiten« des Usenet und der Personalcomputer.
de.alt.games.*	Mit Spielen aller Art sowie PC-Games beschäftigen sich die Newsgroups, die dieser Unterhierarchie angehören.
de.alt.jahr2000	Wer Berichterstattung zur »Jahrzweitausendproblematik« noch nicht über hat, findet hier das passende Forum. Das Millenium ist Diskussionsgegenstand von der technischen bis hin zur philosophische Seite.
de.alt.music.*	Verschiedene Musikrichtungen finden in den Unterhierarchien ihren Platz. Parallel gibt es die Newsgroup de.rec.music.misc, in der alle musikbezogenen Diskussionsbeiträge, die sonst nirgendwo dazupassen, untergebracht sind.

▶ de.alt.test und de.test

Der Sinn der Test-Newsgroup ist es, Usent-Neulingen eine Plattform zu bieten, wo das Posten von Artikeln unverfänglich ausprobiert werden kann. Aus dem Test wird beispielsweise ersichtlich, ob alle Newsreader-Einstellungen korrekt sind, wie eine eventuelle Signatur oder wie die eigene E-Mail-Adresse angezeigt werden. Zudem kann so verfolgt werden, in welcher Geschwindigkeit das Posting von den verschiedenen Servern aufgegriffen wurde.

Die Newsgroups der de-Hierarchie

Alle Newsgroups in der de-Hierarchie sind deutschsprachig und wenden sich an Sprecherinnen und Sprecher der deutschen Sprache und Kultur.

de-Hierarchie	Thema
de.admin.*	Diverse Untergruppen gibt es zur Admin-Hierarchie. Alles was mit der Gründung, Schließung, Umorganisation von Newsgroups zu tun hat, wird hier diskutiert.
de.comm.*	Die Comm-Hierarchie weist viele Untergruppen auf, die sich mit Computersprachen oder gesprochenen Sprachen beschäftigen. Das englische Kürzel *Comm* steht für Kommunikation.
de.comp.*	**In den zahlreichen Untergruppen der Comp-Hierarchie dreht sich alles um Computer.**
de.etc.*	Et-cetera deckt all die Themen ab, die sich in die anderen Hierarchien nicht vernünftig einordnen lassen.
de.markt.*	Verschiedene Kleinanzeigenmärkte finden sich unter der Markt-Hierarchie: von Kleinanzeigen, An- und Verkaufsangeboten bis hin zu Jobs oder Tauschgesuchen.
de.newsusers.*	Es gibt die zwei Unterhierarchien *question* und *infos*. Nicht nur Anfänger finden hier Informationen und Tipps für den erfolgreichen Umgang im Usenet.
de.org.*	In der Org-Hierarchie sind verschiedene Organisationen und Vereine anzutreffen.
de.rec.*	Die *Recreational*-Hierarchie fasst alle der Erholung dienenden Newsgroups zusammen: Freizeit, Sport, Hobby, Musik, Film oder Entertainment allgemein.
de.sci.*	Newsgroups, die sich wissenschaftlich austauschen, finden sich in der Science-Hierarchie.
de.soc.*	Die Social-Hierarchie steht allen sozialen Belangen, wie Politik und Gesellschaft zur Verfügung.
de.talk.*	Verschiedene, allgemeine Diskussionen über die unterschiedlichsten Belange.

Chatrooms

Viele Website-Anbieter betreiben Chatrooms, die zu bestimmten Zeiten oder auch 24 Stunden geöffnet sind und in denen sich die Chatter austauschen können. Der Begriff kommt aus dem Englischen von *to chat* (plaudern) und hat sich mittlerweile auch so im Deutschen etabliert.

In den Chats hat sich zudem eine eigene Sprache herausgebildet, die für einen Neuling, einen so genannten *Newbie*, oftmals schwer zu verstehen ist. Wenn Sie einen Chatroom »betreten«, werden Sie in der Regel von allen, die sich im Chat aufhalten, begrüßt. Sie beteiligen sich selbst am Chat, indem Sie in das – meist am unteren Rand befindliche – Eingabefeld Ihren Text eintippen und ⏎ drücken. Daraufhin können Sie Ihren Text im eigentlichen Chat-Fenster lesen. Regelmäßige Chats finden Sie beispielsweise auf den Websites von Radio- und TV-Sendern, Zeitschriften oder Markenartikelherstellern. Die Vielfalt an Chatrooms und Themen ist beeindruckend und nicht mehr überschaubar.

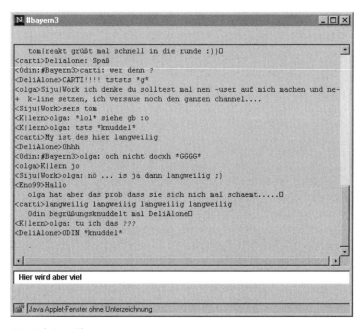

Beispiel eines Chatrooms

Chat-Websites

Klicx

http://www.klicx.de

Beim Aufrufen der Website müssen Sie sich anmelden, bevor Sie auf das deutschsprachige Angebot zugreifen können. Um an den Chats teilzunehmen, ist es notwendig, dass Sie sich per E-Mail registrieren lassen. Für einen gewissen finanziellen Beitrag können Sie zudem Mitglied werden. Besuchen Sie als Neuling die »Newbie-Chat-Räume«, um ein Gefühl für das Chatten zu entwickeln.

Metropolis

http://www.metropolis.de

In Metropolis legen sich die Chatter eigene Identitäten zu, sogenannte Avatare. Mittels eines umfangreichen Fragebogens erstellen Sie eine Kurzbiographie inklusive Ihrer Interessensgebiete. Die Stamm-Chatter von Metropolis finden sich regelmäßig zu regionalen Treffen zusammen.

Cyberbase

http://www.cyberbase.de

Auf der englischsprachigen Website dreht sich alles um Science Fiction. Sie müssen sich zuerst per E-Mail registrieren lassen, bevor Sie teilnehmen können. Möglicherweise finden Sie auch Chats, die in Deutsch geführt werden.

IRC

IRC (*Internet Relay Chat*) ist ein Kommunikationssystem für mehrere Benutzer, die sich auf sogenannten Kanälen individuell oder in Gruppen unterhalten. Jeder Teilnehmer legt sich einen Spitznamen, einen *Nickname,* zu. Der Nickname sollte möglichst ausgefallen gewählt werden, da bereits sehr viele Menschen im IRC teilnehmen und ein Nickname eindeutig sein muss.

Um an einem IRC-Chat teilzunehmen, benötigen Sie die entsprechende Software und müssen die Adresse eines IRC-Servers kennen. Dieser Server nimmt Kommandos entgegen und verteilt die darin enthaltenen Nachrichten auf andere Server und letztlich die jeweiligen Chatter. Im Chat selbst werden wieder diverse aus DOS und Unix bekannte Kommandos angewendet. So kann beispielsweise mit */who** nach Teilnehmern aus bestimmten Städten gesucht werden.

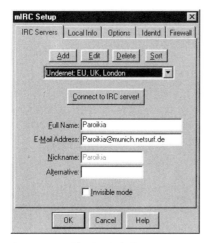

Server-Anwahl mit IRC-Software

Wenn Sie ernsthaft an IRC interessiert sind, dann ist es am besten, Sie lassen sich von erfahrenen IRC-Nutzern im Chat helfen. Informieren Sie sich zudem auf der IRC-Website: http://www.irc.pages.de oder lesen Sie die Newsgroup *de.comm.chatsystems*.

Auf diesen Websites finden Sie IRC-Server mit weiterführenden Informationen:

http://irc.fu-berlin.de/ircops.html und

http://linux0.urz.uni-heidelberg.de/~mseuffer/irc.html

Einige IRC-Kommandos

Kommando	Bedeutung
/NICK <name>	Eintragen des eigenen Spitznamens
/JOIN <channel>	Wählen des gewünschten Kanals
/WHO <channel>	Feststellen, wer sich im Kanal befindet
/WHOIS <name>	Informationen über die Nutzer abfragen
/ME <text>	Eigene Aussagen hervorheben
/MSG <name> <text>	Senden einer privaten Nachricht an einen bestimmten Benutzer
/INVITE <name>	Jemanden zum Chatten auf dem aktuellen Kanal einladen
/KICK <channel> <name>	Jemanden aus dem Kanal hinauswerfen
/NOTIFY <name>	Erstellen einer Liste, auf der bestimmte Personen stehen, über deren IRC-Anwesenheit man informiert werden möchte
/LEAVE <channel>	Verlassen des Kanals
/QUIT	Beenden des IRC
/HELP	Online-Hilfe vom IRC-Server

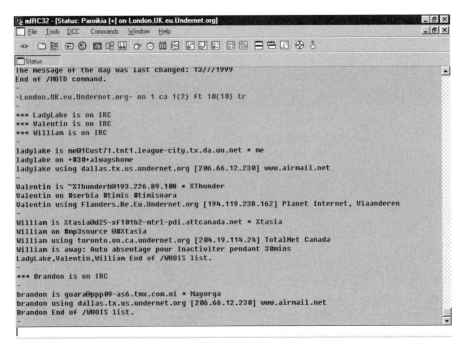

Ergebnis einer Who-Abfrage im Kanal Undernet.org

Internet-Telefonie

Einhergehend mit der Möglichkeit, über das Internet günstig zu telefonieren, kam es zu einer erheblichen Preisreduktion der Telefonkosten für weltweite Gespräche. Ob da die neuen Internet-Telefonie-Angebote überhaupt lukrativ sind, muss von Fall zu Fall entschieden werden. Sicherlich gibt es Länder und Anbieter, bei denen sich ein Telefonat via Internet lohnt, beispielsweise München–Hongkong lässt sich konkurrenzlos günstig via Internet abwickeln.

Wesentlich interessanter wird Internet-Telefonie für Unternehmen, die alle Möglichkeiten ausschöpfen wollen und in die Telefonie noch PC und Fax einbinden wollen. Da bieten sich zunehmend mehr attraktive Möglichkeiten.

Net2phone

http://www.net2phone.com/german/

Mit Net2Phone können Sie von jedem beliebigen PC aus ins In- und Ausland telefonieren. Net2phone hat sich aus dem weltweit aktiven Unternehmen IDT Corporation entwickelt und setzt auf die vielfältigen Möglichkeiten des Internets.

Wenn Ihr PC mit Soundkarte, Mikrophon und Lautsprechern ausgestattet ist, dann können Sie damit telefonieren. Sie senden ein entsprechendes Signal an die Net2Phone-Telefonschaltstellen, die dann die Anrufe ohne Verzögerung an die gewünschte Nummer weiterleiten. Mit Hilfe dieser Technologie sind Sie in der Lage, eine echte Duplex-Sprachkommunikation in Echtzeit und ohne Unterbrechungen zu führen.

Poptel

http://www.poptel.com/

Mit diversen Tarifangeboten, die über eine gebürenfreie Zugangsnummer abgerufen werden können, wartet Poptel auf. Für Poptel-Kunden wird ein Telefonkonto angelegt, das per Kreditkarte aufgeladen werden muss.

Deltathree.com

http://www.deltathree.com/

Bereits 1996 gegründet, hat sich Deltathree.com auf die Entwicklung ausgeklügelter Internet-Telefonie spezialisiert. Sie warten mit einem umfangreichen Kommunikationsportal auf – einem Forum, in dem Anwender alles finden, was sie für die Telekommuniktion brauchen: Software, Faxdienste, E-Mail und Voice-Mail, Grußkartenversand oder Chats.

Einführung in ICQ

Im ausgehenden 20. Jahrhundert kreierte Mirabilis eine Software, die es Menschen auf der ganzen Welt ermöglicht via Internet, miteinander zu kommunizieren. Mittlerweile gehört ICQ dem Giganten AOL, der Mirabilis samt ICQ aufgekauft hat. Das AOL-eigene Kommunikationsprogramm AOL Instant Messenger kann nur innerhalb der AOL-Gemeinde genutzt werden, ICQ jedoch von jedem, der über einen Internet-Zugang verfügt. Sie können mit ICQ Mitteilungen verschicken, mit anderen chatten, URLs und Dateien austauschen, spielen, telefonieren oder einfach nur die eine oder andere Notiz schreiben, während Sie im Internet surfen. Alles in Echtzeit, ohne Verzögerung. Sie müssen keine anderen Programme schließen, um ICQ anwenden zu können, da das Programm nicht viel Ressourcen benötigt und in der Regel mit anderen harmoniert.

> ▶ **Was heißt ICQ?**
>
> ICQ steht für Englisch »I Seek You«, was auf Deutsch »Ich suche dich« bedeutet. Beim Umgang mit ICQ wird schnell klar, dass der Name tatsächlich Programm ist.

Mit ICQ ist es möglich, plattformübergreifend mit anderen in Kontakt zu treten. Derzeit wird die Version 99a bzw. die Beta-Version 99b auf der Mirabilis-Website zum kostenlosen Download angeboten. Wie lange die Software weiterhin unentgeltlich genutzt werden kann, ist unklar, darüber schweigen sich Mirabilis bzw. AOL aus. Sicher ist, dass alle ICQ-Infizierten nicht mehr davon lassen können. ICQ macht süchtig.

Die Kommunikationssoftware ICQ

Installation und Konfiguration von ICQ

 ICQ steht unter http://www.icq.com zum Download zur Verfügung. Lesen Sie sich die Geschäftsbedingungen durch und laden Sie die Software auf Ihren Rechner herunter. Bestimmen Sie, wo das Programm gespeichert werden soll.

 Nach erfolgreichem Download installieren Sie die EXE-Datei. Während der Installation legt ICQ einige Ordner an, die es für die spätere Archivierung und andere Funktionalitäten benötigt.

 Nachdem Sie ICQ installiert haben, werden Sie zu Registrierungszwecken mit der ICQ-Website verbunden. Zudem erhalten Sie eine ICQ-Nummer, unter der Sie weltweit erreichbar sind. Machen Sie sich mit ICQ vertraut, indem Sie die nachfolgenden Abschnitte lesen und gegebenenfalls ausführen.

> ### ▶ ICQ-Nummer
>
> Bei Ihrer Registrierung erhalten Sie Ihre unverwechselbare ICQ-Nummer, über die Sie weltweit erreichbar sind. Die ICQ-Nummer ist mit E-Mail-Adressen oder Telefonnummern vergleichbar, mit denen ebenfalls eine eindeutige Zuordnung möglich ist.

Hauptmenü

Rufen Sie das Hauptmenü auf, indem Sie auf die Schaltfläche *ICQ* klicken. Dieses Menü verzweigt zu weiteren Menüs und Dialogfenstern. Hier finden Sie alle notwendigen Einstellungen, um neue Kontakte anzulegen, die eigene Präsenz zu gestalten oder sonstige Änderungen vorzunehmen.

Durch Auswahl von *Sleep Mode* versetzen Sie ICQ in einen Ruhezustand und mit *Shut Down* schließen Sie das Programm.

ICQ-Zentrale mit Kontakten und Menüs

Generelle Bedienung von ICQ

ICQ lässt sich ebenso bedienen, wie Sie das von Windows-Programmen gewohnt sind. Einfaches Anklicken, Doppelklicken oder rechter Mausklick ziehen Ereignisse nach sich. Das ICQ-Fenster kann frei auf der Windows-Arbeitsoberfläche bewegt werden: Entscheiden Sie selbst, ob es beispielsweise am rechten oder am oberen Bildschirmrand verankert werden soll. Dazu klicken Sie das Fenster in der Titelleiste an (dort wo Ihre ICQ-Nummer steht), halten die Maustaste gedrückt und ziehen das ICQ-Fenster an die gewünschte Stelle. Lassen Sie die Maustaste wieder los, wenn sich das Fenster dorthin einfügt, wo Sie es haben wollten. Das ICQ-Fenster befindet sich stets im Vordergrund, sofern Sie es nicht verankern oder in die Task-Leiste verschieben.

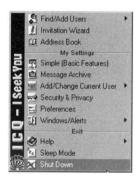

Das ICQ-Hauptmenü

ICQ-Einstellungen

In ICQ können Sie bestimmen, wie Sie sich nach außen präsentieren wollen: ob Ihre Online-Präsenz für jeden ersichtlich sein soll oder ob Sie beispielsweise gerade nicht gestört werden wollen.

Persönliche Grundeinstellungen

Wie wollen Sie sich im weltweiten Adressbuch von ICQ präsentieren? Was sollen andere über Sie erfahren? Bedenken Sie aber, dass sämtliche Informationen, die Sie hier eintragen, allen ICQ-Anwendern zur Verfügung stehen. Daher sollten Sie nur diejenigen Auskünfte über sich selbst eintragen, die Sie gewillt sind preiszugeben. Viele Nutzer verzichten darauf, ihre exakte Adresse und Telefonnummer einzutragen, da diese auch zu Werbezwecken missbraucht werden könnten. Wenn Sie sich unsicher sind und ICQ erstmal kennen lernen möchten, dann tragen Sie am besten zunächst Ihren echten Namen oder einen Spitznamen ein und warten ab. Später können Sie weitere Informationen hinzufügen.

Klicken Sie auf den Button *ICQ* und wählen Sie aus dem Hauptmenü *Add/Change Current User* und daraus *View/Change My Details*. Es erscheint ein Warnhinweis, dass Ihre Eintragungen allen ICQ-Nutzern zur Verfügung stehen werden. Um den Warnhinweis abzustellen, markieren Sie das Kästchen neben *Don't show this message again*.

Wechseln Sie auf die Registerkarte *Main* und tragen Sie in den Feldern *Name*, *Last Name* und *Nickname* gegebenenfalls Ihren Vor-, Nach- sowie Spitznamen ein. Im Feld von *Email Addresses* tragen Sie Ihre E-Mail-Adresse ein. Wenn Sie diese nicht veröffentlicht haben möchten, dann markieren Sie das Kästchen neben *Don't publish my Primary Email address, use it for password retrieval purposes* und Ihre E-Mail-Adresse wird von ICQ lediglich zu Ihrer Verifizierung verwendet.

Auf den restlichen Registerkarten können Sie weitere Informationen über sich selbst eintragen. Beispielsweise kann das Ausfüllen der Karte *Interests* nützlich sein, um Gleichgesinnte zu finden. Auch bei *Info/About* könnten Sie ein wenig über sich selbst berichten oder einen Leitspruch eintragen.

Schließen Sie Ihre Eintragungen durch Anklicken des Buttons *Save* ab. Um die Änderungen in das Global Directory übernehmen zu können, muss eine Online-Verbindung bestehen. Sie verlassen das persönliche Verzeichnis und sichern Ihre Eingaben, indem Sie auf den Button *Done* klicken.

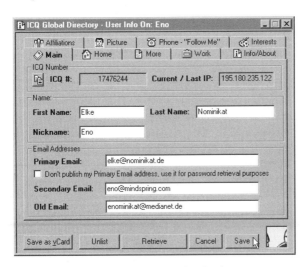

Eigener Eintrag im weltweiten ICQ-Adressbuch

Simple/Advanced Mode

ICQ bietet Anfängern und Fortgeschrittenen zwei verschiedene Modi an. Wenn Sie ICQ kennen lernen möchten, ohne gleich den gesamten Funktionsumfang zu nutzen, dann klicken Sie auf den Button *ICQ*, wählen im Menü die Option *ICQ Simple (Basic Features)* und drücken im Dialogfenster den Button *Switch to Simple Mode*. Um vom einfachen

Modus zum umfangreichen zu wechseln, klicken Sie analog auf den Button *Switch to Advanced Mode*.

▶ **Was ist ein ICQ-Event?**

Alles, was in ICQ passiert, ist ein Event, zu Deutsch »ein Ereignis«: alle eintreffenden und versendeten Mitteilungen, Chat-Anfragen, jeder Datei- und URL-Versand – eben alles, was über ICQ verschickt und empfangen werden kann.

Online-Einstellungen

Neben den beiden Zuständen off- und online gibt es bei ICQ Online-Varianten, mit denen sich eine bestimmte Art bzw. Grad der Kommunikation einstellen lässt. Sie können einen Modus für sich selbst wählen, wie dies auch die Kontakte auf Ihrer Liste können, die Symbole weisen stets auf dasselbe hin. Um ICQ zu aktivieren, klicken Sie auf die Schaltfläche mit der Blume und wählen den gewünschten Modus aus dem Menü aus. Die Bedeutung der einzelnen Optionen ist nachfolgend beschrieben. Beachten Sie, dass im *Simple Mode* keine Einstellungen zur Verfügung stehen.

Menüoption	Bedeutung
Random Chat	Startet die Suche nach einem zufälligen Gesprächspartner.
Available/Connect	Verbindung mit dem Internet. Zeigt Anderen, auf deren Kontaktliste Sie stehen, dass Sie online sind.
Free For Chat	Kennzeichnung, dass man selbst an einem zufälligen Chat interessiert sei.
Away	Der Computer wurde kurzzeitig verlassen.
N/A (Extended Away)	Der Computer wurde für längere Zeit verlassen.
Occupied (Urgent Msgs)	Kontakt ist gerade beschäftigt und möchte nicht gestört werden. Sehr dringende Mitteilungen können jedoch gesendet werden.
DND (Do not Disturb)	Kontakt ist gerade beschäftigt und möchte auf keinen Fall gestört werden.
Privacy (Invisible)	Macht unsichtbar, nur die Kontakte auf Ihrer Visible List sind über Ihre Online-Präsenz informiert.
Offline/Disconnect	Unterbricht die Verbindung mit dem Internet, nicht jedoch Ihre Online-Verbindung.

ICQ-Zustände

Kontakte herstellen

ICQ macht erst dann Spaß, wenn Sie zahlreiche Kontakte auf Ihrer Liste verbuchen können. Um neue Kontakte zu knüpfen, können Sie zum einen nach Ihnen bekannten Personen suchen und zum anderen per »Random-Chat« nach Gleichgesinnten suchen.

Kontakte hinzufügen

Auf zwei Arten fügen Sie Ihrer Kontaktliste eine neue Person hinzu.

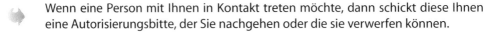 Wenn eine Person mit Ihnen in Kontakt treten möchte, dann schickt diese Ihnen eine Autorisierungsbitte, der Sie nachgehen oder die sie verwerfen können.

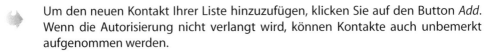 Um den neuen Kontakt Ihrer Liste hinzuzufügen, klicken Sie auf den Button *Add*. Wenn die Autorisierung nicht verlangt wird, können Kontakte auch unbemerkt aufgenommen werden.

▶ **Tipp**

Jeder neue Kontakt wird von ICQ automatisch auf Ihrem Rechner in einem Ordner gespeichert, der je nach ICQ-Version anders heißt. Für ICQ98a heißt er »DB«, für ICQ99a »NewDB« und für ICQ99b ist es der Ordner »DB99b«. In diesem Ordner wird neben den Kontakten auch das Kommunikationsarchiv, die History, gespeichert. Bevor Sie also eine neue ICQ-Version installieren, sollten Sie sich den entsprechenden Ordner auf einem anderen Bereich Ihrer Festplatte sichern. Auch empfiehlt sich ein regelmäßiges Backup der Kontakte und History.

Sie können selbst aktiv werden, indem Sie im Global Directory nach der gewünschten Person suchen und dieser eine Kontaktaufforderung schicken.

1 Wählen Sie dazu im Menü *ICQ* die Optionen *Find/Add Users* und *Find User - Add To List* oder klicken Sie auf die mit einer Lupe gekennzeichnete Add-Schaltfläche.

2 Tragen Sie im Adressbuch im Feld *Email* die Adresse des gewünschten Kontakts ein und schicken Sie die Kontaktaufnahme durch Klicken auf *Search* ab.

3 Wenn Sie die ICQ-Nummer des potentiellen Kontakts kennen, können Sie ihn auch auf diesem Weg über die Registerkarte *ICQ #* suchen.

4 Über die Registerkarte *Details* lässt sich jemand auch durch Eingabe des Vor- und Nachnamens finden.

Nach Kontakten suchen und neue hinzufügen

Kontakte autorisieren

Sie haben es selbst in der Hand, darüber informiert zu werden, wenn Sie von jemandem auf dessen Kontaktliste hinzugefügt werden. Um davon Kenntnis zu erlangen, legen Sie fest, dass sich Interessierte stets autorisieren müssen.

1 Rufen Sie im Menü *ICQ* die Option *Security&Privacy* auf.

2 Auf der Registerkarte *Security* markieren Sie den Radioknopf *My authorization is required*.

3 Schließen Sie das Dialogfenster durch Klicken auf den Button *Save*.

4 Bei der Prozedur des Autorisierens schicken Sie und die zu autorisierende Person mehrere Messages hin und her, bis der Vorgang abgeschlossen ist. Er ist dann erfolgreich verlaufen, wenn Sie den Namen des neuen Kontakts in Ihrer Liste und die andere Person Ihren Namen in der eigenen Kontaktliste sehen kann. Der Wunsch einer Autorisierung ist durch ein blinkendes Häkchen gekennzeichnet.

Aufforderung zur Autorisierung

Kontakt löschen

Sie löschen einen Kontakt, indem Sie mit der rechten Maustaste daraufklicken und aus dem Kontextmenü die Optionen *More/Delete* auswählen, alternativ drücken Sie [Entf]. Es erscheint ein Warnhinweis, ob der Kontakt wirklich gelöscht werden soll. Bestätigen Sie mit *Yes* oder brechen Sie den Löschvorgang durch Anklicken von *No* ab.

> ▶ **Tipp**
>
> Wenn Sie eine Autorisierungsanfrage erhalten und diese weder genehmigen noch jemals wieder erhalten wollen, dann fügen Sie diese Anfrage Ihrer »Ignore List« hinzu, indem Sie mit der rechten Maustaste auf diesen potentiellen Kontakt klicken und aus dem Kontextmenü die Option **Move to Ignore List** wählen.

Random Chat

Eine der ICQ-Besonderheiten ist die Möglichkeit, mit wildfremden Menschen in Kontakt treten zu können, indem man sich zufällig zu einem Chat trifft.

 Sie rufen die Funktion des Random Chat auf, indem Sie aus dem Hauptmenü die Optionen *Find/Add Users* und *Random Chat* auswählen.

 Im Dialogfenster können Sie bestimmen, nach welchen Kriterien Sie einen Gesprächspartner(in) finden wollen. Sie selbst können hier auch nochmals festlegen, welche Informationen von Ihnen preisgegeben werden sollen. Die Suche nach einem passenden Kontakt ist ziemlich aufregend. Im ICQ-Fenster erscheinen nach und nach mögliche Gesprächspartner und Sie entscheiden, welcher der oder die Richtige ist.

Sie starten die Suche, indem Sie die Schaltfläche *Find a Random Online Chart Partner* anklicken. Vermutlich brauchen Sie mehrere Anläufe bzw. Durchgänge, bis Sie eine Person gefunden haben, die Sie gerne kennen lernen würden. Sie können sich nur auf die Einträge verlassen, die Ihr potentieller Gesprächspartner gemacht hat, ob Sie tatsächlich mit dieser Person in Kontakt treten wollen, können wiederum nur Sie allein entscheiden.

 Es ist auch möglich, dass Sie gefunden werden, indem Sie sich in den Random-Chat-Status versetzen. Dazu setzen Sie Ihren Status auf *Free for Chat*.

Mitteilung über den Wunsch eines Random Chats

 Falls Sie sich nicht ganz sicher sind, können Sie das Konzept des Random Chats auch nochmal in englischer Sprache auf den ICQ-Seiten nachlesen: http://www.icq.com/icqtour/random-chat.html

 Wenn Sie jemanden gefunden haben, mit dem Sie gerne chatten möchten, dann klicken Sie entweder auf die Schaltfläche *Request Chat* oder auf *Send Message*, je nachdem, wonach Ihnen gerade mehr zu Mute ist.

Random Chat ist eine echte Kontaktbörse. Wenn Sie bereits über zahlreiche Freundinnen und Freunde verfügen – Glückwunsch! Dann sollten Sie vom Random Chat eher die Finger lassen.

Austausch von Messages (Mitteilungen)

Schnell eine Neuigkeit austauschen, ohne mit dem Gegenüber in einem längeren Chat zu verweilen, ist mit ICQ problemlos möglich. Der Vorteil im Austausch von Messages liegt darin, surfen, chatten oder in Newsgroups posten zu können und obendrein Messages zu schreiben.

Messages schreiben und senden

 Sie schreiben jemandem auf Ihrer Liste eine Mitteilung, indem Sie entweder den betreffenden Namen doppelklicken oder ihn mit der rechten Maustaste anklicken und aus dem Kontextmenü die Option *Message* auswählen.

 In dem Textfeld geben Sie Ihre Mitteilung über Tastatur ein. Bei den 99a- und 99b-ICQ-Versionen können Sie beliebig langen Text eingeben, bei älteren ist die Länge limitiert.

 Klicken Sie auf den Button *Send*, um Ihrem Gesprächspartner die Nachricht unmittelbar zukommen zu lassen. Durch Drücken von *Cancel* wird Ihre Mitteilung gelöscht und nicht gesendet.

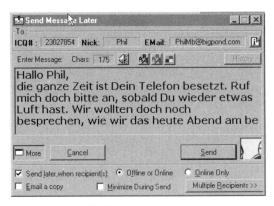

Schreiben einer ICQ-Message

Messages empfangen und beantworten

1 Wenn Sie eine Mitteilung empfangen haben, dann erkennen Sie das an einem blinkenden Briefumschlag, der sowohl neben dem betreffenden Absender als auch in der Statusleiste blinkt. Doppelklicken Sie auf einen der beiden Briefumschläge, um die Nachricht zu lesen.

2 Um die Mitteilung zu beantworten, klicken Sie auf den Button *Reply*. Dadurch öffnet sich ein neues Message-Fenster, in dem Sie Ihren Text eingeben und die Message durch Drükken des Send-Buttons abschicken.

Messages gestalten

Sie können das Message-Fenster bezüglich Farbe und Schriftart individuell gestalten.

3 Öffnen Sie ein beliebiges Message-Fenster, indem Sie auf einen Kontakt in Ihrer Liste doppelklicken. In der Zeile neben *Enter Message* befinden sich vier quadratische Schaltflächen.

4 Durch Anklicken der ersten schalten Sie den Ton an und aus.

5 Indem Sie die zweite Schaltfläche anklicken, rufen Sie ein Dialogfenster auf, in dem Sie sich für Schriftart, -schnitt und größe entscheiden. Beachten Sie, dass die Schrift am Bildschirm gut lesbar sein sollte.

6 Klicken Sie auf die dritte Schaltfläche, um eine Schriftfarbe auszusuchen.

7 Schließlich klicken Sie auf den vierten Button, um eine Farbe für den Hintergrund zu bestimmen.

8 Wenn Sie jetzt neue Mitteilungen schreiben, sehen die so aus, wie Sie das soeben festgelegt haben.

Chatten

Um mit jemandem chatten zu können, muss der gewünschte Gesprächspartner online sein. Entweder lassen Sie sich zu einem Chat einladen oder Sie laden selbst ein.

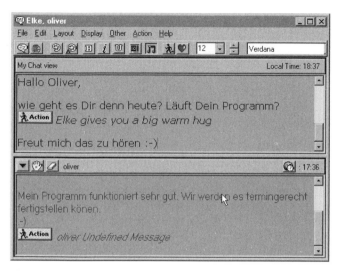

Chat zwischen zwei Personen

Chatten zu zweit

1 Sie laden jemanden zu einem Chat ein, indem Sie entweder auf den betreffenden Namen in der Liste doppelklicken oder ihn mit der rechten Maustaste anklicken und aus dem Kontextmenü die Option *ICQ Chat* auswählen.

2 Tragen Sie in dem Feld *Enter Chat Subject* gegebenenfalls den Grund Ihres Chat-Wunsches ein und klicken Sie auf den Button *Chat,* um den Chat zu starten.

3 Daraufhin sieht Ihr Gesprächspartner neben Ihrem Namen auf seiner Liste eine blinkende Sprechblase, die eine Chat-Aufforderung symbolisiert.

4 Wenn Sie zu einem Chat aufgefordert werden, sehen Sie analog die blinkende Sprechblase. Falls Sie Boxen angeschlossen haben, hören Sie zusätzlich eine Stimme »Incoming Chatrequest« sagen. Nachdem Sie auf die Sprechblase geklickt haben, klicken Sie im Dialogfenster auf den Button *Accept,* um das Chat-Fenster zu öffnen.

5 Geben Sie über die Tastatur in das Chat-Fenster Text ein, ohne die Return-Taste zu drükken, da der Zeilenumbruch automatisch erfolgt.

Anpassungen

Ähnlich wie das Message-Fenster können Sie auch das Chat-Fenster vergrößern, verkleinern und nach Ihren Layout-Vorstellungen gestalten. Wenn Ihnen die Einstellungen Ihres Gesprächspartners nicht zusagen und Sie stattdessen Ihre eigenen wünschen, dann wählen Sie im Menü *Display* die Option *Override Format* und beide Fenster sehen gleich aus.

Im Menü *Layout* kann mit der Option *IRC Style* das Aussehen des Chat-Fensters beeinflusst werden. Zum einen haben Sie die Möglichkeit, in einem geteilten Fenster zu schreiben, so dass Ihr Gegenüber gleich sieht, was Sie tippen. Zum anderen können Sie im Stil des IRC chatten, d.h. beide oder alle Teilnehmer schreiben in einem großen Fenster und die Einträge werden erst dann sichtbar, wenn diese durch Drücken von ⌶Enter⌶ abgeschickt wurden. Beim IRC-Style existiert nur eine schmale Zeile zur Eingabe von Text.

Chatten zu mehreren

Via ICQ können nicht nur zwei, sondern auch mehrere Personen gleichzeitig miteinander chatten. Um einen Chat mit mehreren Personen zu starten, ist es erforderlich, dass zwei davon bereits einen Chat gestartet haben und dann die anderen mit einer Aufforderung zum Chat (Chat Request) dazunehmen. Es ist nicht möglich, dass sich ein Dritter direkt dazu einlädt, da diese Einladung nur in anderer Richtung funktioniert.

Wenn mehr als drei Personen auf einmal chatten, empfiehlt sich die Aufteilung des Fensters in IRC-Style, da so die Übersichtlichkeit gewahrt bleibt.

Chat beenden

Wenn Sie einen Chat beenden möchten, dann wählen Sie im Menü die Option *Quit*. Entscheiden Sie sich, ob Sie das Gespräch speichern oder nicht speichern möchten, indem Sie entweder auf den Button *Save Chat* oder *Don't Save Chat* klicken. ICQ speichert alle Chats in einen Ordner namens *Chats* mit der Dateiendung *CHT*.

▶ *Hinweis*

> *Beachten Sie, dass das Speichern der Chats sehr schnell sehr viel Festplattenspeicher belegen kann.*

Dialogfenster zum Archivieren eines Chats

Gespeicherte Chats abspielen

Indem Sie einen gespeicherten Chat wieder aufrufen, können Sie sich das Gespräch nochmal durchlesen.

 Wählen Sie aus dem Hauptmenü die Option *Message Archive*.

 In Ihrem Nachrichtenarchiv klicken Sie auf den Ordner *Chats* und anschließend auf den Chat, den Sie nachlesen möchten.

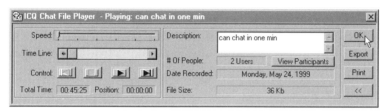

Modul zum Abspielen eines ICQ-Chats

ICQ-E-Mails

Mit Hilfe von ICQ können Sie E-Mails verschicken, die der Empfänger in seinem gewohnten E-Mail-Postfach vorfindet. Umgekehrt erhalten auch Sie ICQ-E-Mails in Ihrer gewohnten E-Mail-Umgebung. ICQMail ist ein webbasierter Service wie z.B. Hotmail. Es gibt keinen SMTP- oder POP3-Server. Sie können sich bei ICQ auch eine E-Mail-Adresse einrichten, die beispielswese Eno99@icqmail.com lautet (siehe auch Kapitel 6).

ICQ-E Mails schreiben

 Klicken Sie mit der rechten Maustaste auf den Kontakt, dem Sie eine E-Mail schreiben möchten, und wählen Sie aus dem Kontextmenü die Optionen *Email/Send E-Mail,* woraufhin sich das E-Mail-Fenster öffnet.

 In der Adresszeile ist bereits automatisch die E-Mail-Adresse des Empfängers eingetragen, sie können diese hier aber auch noch ändern. Indem Sie auf *To* oder *CC* klicken, öffnen Sie Ihr Kontakteadressbuch von ICQ und können dort noch weitere Adressaten auswählen.

 Füllen Sie die Betreffzeile aus und geben Sie im Feld darunter Ihren Text ein. Fügen Sie der E-Mail gegebenenfalls noch eine Sound-Datei unter *Voice Message* oder eine andere Datei unter *File Attachment* bei und schicken Sie sie durch Anklicken von *Send* ab.

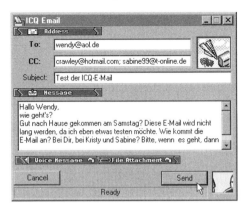

Schreiben einer E-Mail mit ICQ

E-Mails emfpangen

Wenn Ihnen jemand eine E-Mail via ICQ geschickt hat, dann befindet sich diese E-Mail im Posteingang des E-Mail-Programms, mit dem Sie Ihre E-Mails für gewöhnlich abrufen. Es ist zudem möglich, den Erhalt einer E-Mail in der Kontaktliste anzuzeigen. Dazu klicken Sie mit der rechten Maustaste auf den gewünschten Kontakt und wählen *Email/Send E-Mail + Notify by ICQ*. Das Fenster zum Schreiben der E-Mail sieht genauso aus wie das durch *Email/Send Email* aufgerufene, auch kann die E-Mail nur im Standard-E-Mail-Programm gelesen werden. Jedoch erscheint ein Hinweis über die E-Mail in der Kontaktliste.

ICQ-Hinweis auf eine E-Mail

Wenn Sie den Empfänger einer E-Mail auch in dessen ICQ über den Erhalt der E-Mail informieren möchten, dann wählen Sie die Optionen *E-Mail* und *E-Mail Notify by ICQ. Bei dieser Einstellung blinkt beim Empfänger die Nachricht »*Express-E-Mail« im ICQ Fenster.

Versand von Informationen via ICQ

Mittels ICQ lassen sich Dateien und URLs blitzschnell versenden. Beim Versenden geben Sie lediglich den gewünschten Pfad an und der Empfänger legt fest, wohin er die Daten gespeichert haben möchte. Die Dauer und den Fortschritt des Dateitransfers können beide Teilnehmer am Bildschirm mitverfolgen.

Dateien versenden

 Klicken Sie mit der rechten Maustaste auf den Kontakt, der eine Datei erhalten soll, und wählen Sie aus dem Kontextmenü die Option *File,* so dass sich das Datei-Dialogfenster öffnet. In diesem suchen Sie nach der gewünschten Datei. Klicken Sie erst diese und anschließend den Button *Öffnen* an.

 Im Dialogfenster *Send File* können Sie noch eine kurze Beschreibung der Datei hinzufügen. Durch Anklicken von *Selected Files* können Sie mehrere Dateien gleichzeitig versenden.

 Verschicken Sie die Datei, indem Sie auf die Schaltfläche *Send* klicken.

URLs austauschen

Sie können einem anderen eine Web-Adresse zukommen lassen, indem Sie entweder im Browser die gewünschte Website bereits angezeigt haben und deren Adresse dann direkt nach ICQ übernommen wird oder indem Sie die URL explizit beim Versenden eintragen.

 Am einfachsten ist es, wenn Sie zur gewünschten Website surfen.

 Dann klicken Sie mit der rechten Maustaste auf den Kontakt, dem Sie die Web-Adresse senden möchten und wählen aus dem Kontextmenü die Option *Webpage Adress (URL).* Daraufhin öffnet sich ein Dialogfenster, in dem die URL der im Browserfenster angezeigten Website bereits eingetragen ist.

 Im Feld von *Enter URL Description* fügen Sie der URL gegebenenfalls eine kurze Beschreibung hinzu.

 Verschicken Sie die URL, indem Sie auf den Button *Send* klicken.

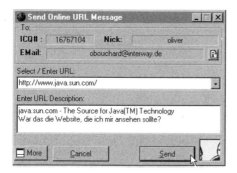

Versenden einer Website-Adresse mit ICQ

ICQ-Adressbuch

ICQ verfügt über ein komfortables Adressbuch, in dem sich alle Kontakte organisieren lassen. Von der Form her gleichen diese Adressbucheinträge dem persönlichen Eintrag, nur dass diese nicht geändert werden können. Sie rufen das Adressbuch durch Auswahl von *Adressbuch* aus dem Hauptmenü auf.

ICQ-Status einstellen (Alert/Accepting Mode)

Sie können für verschiedene Personen auf Ihrer ICQ-Liste verschiedene Zustände einstellen, d.h., Sie können bestimmen, ob die andere Person über Ihre Online-Präsenz Bescheid wissen soll oder nicht.

1 ▷ Klicken Sie mit der rechten Maustaste auf einen Kontakt in Ihrer Liste und wählen Sie die Optionen *More (Rename, Delete...)* und *Alert/Accept Modus*.

2 ▷ Auf der Registerkarte *Status* bestimmen Sie, ob Sie für die betreffende Person sicht- oder unsichtbar sind und unter welchen Umständen Sie Mitteilungen erhalten möchten.

3 ▷ Auf den Registerkarten *Alert, Message, Accept* und *Plugins* legen Sie fest, ob für die betreffende Person Hinweistöne hörbar sein sollen, ob der Kontakt eine personifizierte Nachricht erhalten soll, wie Sie die Messages empfangen wollen und welche Plug-ins mit dem betreffenden Kontakt funktionieren.

4 ▷ Schließen Sie die Einstellungen durch Drücken auf *OK* ab.

Festlegen der verschiedenen Akzeptanzmodi

Zudem können Sie anderen beispielsweise mitteilen, dass Sie bei Ihrem Gespräch gerade nicht gestört werden wollen oder dass Sie momentan nicht erreichbar sind. Die verschiedenen Modi bedeuten im Einzelnen:

History – Gesprächsarchiv

Alle Mitteilungen, die via ICQ ausgetauscht wurden, sind in einem kontaktbezogenen Archiv aufbewahrt. So ist es möglich, längst ausgetauschte und vergessene Mitteilungen nachzulesen.

History anzeigen

 Um den bisherigen Austausch von Messages nachzulesen, klicken Sie den gewünschten Kontakt mit der rechten Maustaste an und wählen aus dem Kontaktmenü die Optionen *History/View Messages History*.

Im History-Fenster können Sie durch Anklicken der Registerkarten die Anzeige beeinflussen: Bei *Message Dialog* werden die Mitteilungen in Dialogform präsentiert, wohingegen *Incoming* und *Outgoing* die jeweils empfangenen bzw. gesendeten auflistet.

Um bestimmte Textstellen zu finden, klicken Sie auf die Schaltfläche *Find* und tragen im Suchfeld *Find what* des Dialogfensters das gewünschte Kriterium ein.

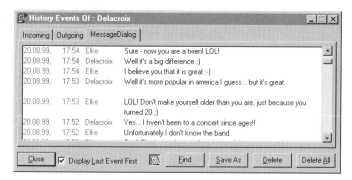

Archivierte Messages in der History

History löschen

Sie können das gesamte Archiv oder auch nur Teile daraus für jeden Kontakt separat löschen.

 Klicken Sie den Kontakt mit der rechten Maustaste an und wählen Sie aus dem Kontaktmenü die Optionen *History/View Messages History*.

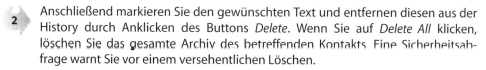 Anschließend markieren Sie den gewünschten Text und entfernen diesen aus der History durch Anklicken des Buttons *Delete*. Wenn Sie auf *Delete All* klicken, löschen Sie das gesamte Archiv des betreffenden Kontakts. Eine Sicherheitsabfrage warnt Sie vor einem versehentlichen Löschen.

ICQ im Internet

Neben der offiziellen Website von ICQ gibt es auch andere Websites, die sich mit dem Programm und vor allem mit ICQ-Teilnehmern beschäftigen. Aus der Fülle seien hier nur wenige herausgegriffen.

Websites	Bedeutung
http://www.icq.com	Offizielle Website von ICQ
http://www.icq.com/friendship/	Auswahl verschiedenster Karten und virtueller Grüße
http://groups.icq.com/	Interessensgemeinschaften, von ICQ-Nutzern kreiert
http://www.icq.com/icqcenters/	Verschiedene Interessensgebiete
http://www.icq.com/languages/german.html	Auflistung aller deutschsprachigen Websites, die sich mit ICQ befassen
Newsgroups auf news.icq.com	
icq.config	Englischsprachige Diskussionen um die Konfiguration von ICQ
icq.entertainment	Alles, was amüsant ist, mit einigen Untergruppen
icq.games	Neuvorstellungen von Spielen, die über ICQ gespielt werden können, und Diskussionen dazu
icq.languages.german	Alles zu ICQ in deutscher Sprache
icq.sports	Diverse Sportarten werden in einzelnen Newsgroups diskutiert
icq.tech	In verschiedenen Untergruppen zu »tech« werden Fragen und Antworten zur Funktionsweise von ICQ ausgetauscht
Newsgroups	
alt.chat.friends	Treffpunkt für ICQ-Chatter, die nicht auf den Zufall warten wollen
alt.icq	Sehr rege Newsgroup, in der eifrig über ICQ diskutiert wird
alt.language.german.icq	Deutschsprachige Newsgroup, in der es allgemein um ICQ geht

Wie komme ich in Web-Communities und zu einer eigenen Homepage?

Viele Website-Betreiber, die eine Web-Community unterhalten, bieten auch Speicherplatz für eine eigene Homepage an und umgekehrt. Die einzelnen Web-Communities haben unverwechselbaren Charakter und sind alle einen Besuch wert. Sie können bei großen Web-Communities mitmachen oder Ihre eigene kleine Web-Community gründen, bei der Sie selbst bestimmen, wer Mitglied wird. Die Anbieter von kostenlosem Homepage-Speicherplatz unterscheiden sich im Grunde lediglich im Umfang ihrer Angebote: Die einen bieten mehr Speicherplatz und dafür weniger Zusatzfunktionen, ein anderer bietet nur wenig Speicherplatz mit dafür besserer Verfügbarkeit. Auch hier gilt: Testen! Besuchen Sie die verschiedenen Websites, klicken Sie durch das jeweilige Angebot, abonnieren Sie möglicherweise einen Newsletter oder eine Mailing-Liste und entscheiden Sie sich dann. Natürlich ist die Versuchung überall mitzumachen groß, da es ja nichts kostet, aber das eigene E-Mail-Postfach quillt auch schnell über von Informationen, die man eigentlich gar nicht haben will.

Arche-Media.net

http://arche-media.net/

Mit Arche-Media steht Freiberuflern aus der Multimedia-Branche ein Forum zur Verfügung, in dem Sie Ihre Erfahrungen austauschen und Informationen, Tipps und Jobangebote abrufen können. Jeder kann sich mit einem eigenen Profil selbst darstellen und in der Mailing-Liste mit anderen in Kontakt treten.

Bizcity

http://www.bizcity.de/

Wenn Sie sich für die Börse und Aktienkurse interessieren, dann ist Bizcity genau das Richtige für Sie – die erste Finanz-Community im Internet. Hier haben Sie Gelegenheit, mit anderen im Börsencafé über den Aktienmarkt zu chatten, sich in Mailing-Listen auszutauschen oder an übergreifenden Diskussionen teilzunehmen. Zudem ist bei Bizcity eine kostenlose E-Mail-Adresse erhältlich.

Deja

http://www.deja.com

Mit Deja steht Ihnen nicht nur ein hervorragender webbasierter Newsgroup-Dienst zur Verfügung (siehe Kapitel 8), sondern auch eine gelungene englischsprachige Web-Community. Sie haben hier die Möglichkeit, Ihren eigenen geschlossenen Bereich zu entwickeln, und den Mitgliedern stehen dann ein Schwarzes Brett, Veranstaltungskalender, Profile und vieles mehr zur Verfügung. Zwei weitere Anbieter empfehlenswerter kostenloser privater Web-Communities, allerdings in englischer Sprache: http://www.anexia.com und http://www.bbs.com.

Private Web-Community

DINO-Compunity

http://dino.compunity.com

Auf den Seiten der DINO-Compunity wird der PC-Interessierte fündig. Dort finden sich neben Dateien zum Download neueste Informationen oder vielfältige Möglichkeiten zum Erfahrungsaustausch. Diverse Shops runden das Angebot ab.

FortuneCity

http://www.fortunecity.de

http://www.fortunecity.com

FortuneCity besticht durch 20 Mbyte kostenlosen Homepage-Speicherplatz. Jeder kann hier einen eigenen Webauftritt kreieren und muss dazu noch nicht einmal HTML beherrschen, da ein komfortabler Homepage-Assistent durch die Erstellung einer eigenen Seite leitet. Wer jedoch eine ausgefallenere Website mittels HTML basteln möchte, kann dies ebenfalls tun. Zusätzlich bietet FortuneCity FTP-Unterstützung, Chat-Räume, eine automatische Registrierung bei diversen Suchmaschine, einen regelmäßigen Newsletter und noch einiges mehr an.

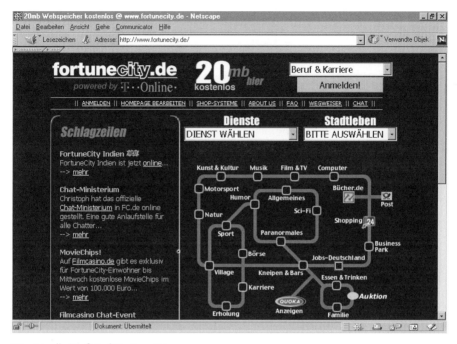

Die virtuelle Großstadt FortuneCity

ICQ

http://www.icq.com

Mit ICQ steht eine fantastische Kommunikationssoftware (siehe Kapitel 10) allen Internet-Interessierten zur Verfügung, doch darüber hinaus besticht ICQ mit einer hervorragend gemachten Website, die übersichtlich die verschiedensten Informationen und Neuerungen des täglichen Lebens präsentiert. Web-Communities verschiedener Länder finden bei ICQ ebenfalls ihre Plattform.

Mac

http://www.macguardians.de/

Freunde und Nutzer des Apple Macintosh haben auch im Internet einen festen Raum gefunden, an dem sie sich über die Spezifika ihrer liebsten Hardware austauschen. Informationen über neueste Ankündigungen, Support oder Chat-Angebote sind hier genauso zu finden wie ausführliche FAQs und Software-Tipps.

Metropolis

http://www.metropolis.de/home.html

Im ausgehenden 20. Jahrhundert versucht Metropolis, viele Interessierte auf das eigene Angebot aufmerksam zu machen. Chatten Sie mit Gleichgesinnten, tragen Sie sich ins Gästebuch ein oder nutzen Sie den kostenlosen Service zur Erstellung einer eigenen Homepage.

Sixdegrees

http://www.sixdegrees.com

Inspiriert von der Idee, dass jeder mit jedem über höchstens sechs Ecken bekannt ist, wurde Sixdegrees ins Leben gerufen. Es ist ein englischsprachiger Ort im Internet, der all jenen zur Verfügung steht, die andere Menschen kennen lernen, mit diesen kommunizieren, Erfahrungen und Erlebnisse austauschen oder einfach nur Spaß haben möchten.

Die Palette der angebotenen Themen spiegelt die vielfältigen Interessen der teilnehmenden Personen wider: von Kunst, Literatur, Philosophie, Politik, Religionen, über Business, Schule, Sport, Spiele bis hin zu Familie, Gesundheit, Reisen und vielem mehr. Der Service wurde um einen Flohmarkt für Mitglieder erweitert, bei dem nicht nur Waren, sondern auch Wissen ausgetauscht wird. Jeden Tag der Woche finden bei Sixdegrees besondere Aktionen statt.

Wer sich bei Sixdegrees einträgt, nennt auf Wunsch zugleich einige weitere Personen, die dann ebenfalls Mitglieder werden, da nur so das Prinzip »jeder kennt jeden« wachsen kann.

Tripod

http://www.tripod.de

Äußerst erfolgreich etablierte sich Tripod auf dem amerikanischen Markt und versucht nun auch in Europa, sich einen Namen zu machen. Auf der deutschsprachigen Website werden 12 Mbyte Speicherplatz zum Erstellen einer eigenen Homepage zur Verfügung gestellt, wobei ein Assistent dabei hilft, so dass keine HTML-Kenntnisse notwendig sind. Registrieren Sie sich mit Ihrer E-Mail-Adresse bei Tripod und nutzen Sie das kostenlose Angebot.

Webgrrls Deutschland

http://www.webgrrls.de

Für in der IT-Branche und den Neuen Medien tätige Frauen die Adresse im Web schlechthin. Im Gegensatz zum Ausland ist bei den deutschen Webgrrls die Mitgliedschaft kostenlos und lohnt sich in jeder Hinsicht. Der Austausch zwischen den über 4000 im deutschen Webgrrls-Netz aktiven Frauen erfolgt über geschlossene Bereiche auf der Website sowie über vier verschiedene Mailing-Listen, die im Bundle oder einzeln zu abonnieren sind. So stehen interessierten Frauen Mailing-Listen in den Kategorien Privat, Job, Business und Web-Entwicklung zur Auswahl. Die Antwort zu einer in den Mailing-Listen gestellten Anfrage wird in der darauffolgenden E-Mail-Liste gegeben. Regelmäßige regionale Treffen komplettieren das exzellente Web-Angebot.

Die Website der deutschen Webgrrls

Wie bekomme ich Filme und Filmformationen?

Das Internet ist eine wahre Fundgrube an Informationen zu Hollywood-Produktionen oder cineastischen Raritäten, Biographien und Film-Trailern. Liebevoll gestaltete Websites von Fans diverser Filmstars bis hin zu zahlreichen Shops, in denen Filmbegeisterte fündig werden.

Was momentan am meisten interessiert, sind Filmausschnitte, die entweder online angesehen oder heruntergeladen und archiviert werden können. Beide Methoden setzen stets eine spezielle Software voraus, die in der Lage ist, die filmspezifischen Daten wiederzugeben. Solche Software nennt sich *Movieplayer*, wovon drei marktführend sind: Apple mit QuickTime, Real Networks mit RealPlayer G2 und Microsoft mit Media 4 Player.

Welcher Movieplayer gerade gebraucht wird, hängt vom Filmtyp ab, den Sie ansehen möchten, da nicht alle Formate gleichermaßen unterstützt werden. Die notwendige Zeit zum Download der Movieplayer liegt bei etwa 20 Minuten pro Software.

Zahlreiche Film-Trailer wurden im MOV-Format erstellt, das der Apple QuickTimePlayer verarbeiten kann. So lassen sich diese Filme zu günstigen Nachttarifen herunterladen, archivieren und zu einem späteren Zeitpunkt in aller Ruhe anschauen.

Clips und Film-Trailer, die nur mit RealPlayer G2 oder dem Media 4 Player abgespielt werden können, müssen online angeschaut werden, ein Download und späteres Abspielen ist mit diesem Format leider nicht möglich, da sie im sogenannten Streaming-Verfahren arbeiten.

Voraussetzungen

Damit Sie die Filme mit Bild und Ton genießen können, bedarf es einiger Ausstattung, über die Ihr PC verfügen muss. Neben der nachfolgend besprochenen Software ist von Seiten der Hardware etwas Multimedia notwendig.

Wenn Ihr PC bereits über einen eingebauten Lautsprecher verfügt, erübrigt sich das Anschließen externer Boxen. Wenn Sie keinen vernünftigen Lautsprecher in Ihrem Monitor integriert haben, dann besorgen Sie sich Multimediaboxen, die Sie in jedem Elektrofachhandel erhalten. Um Ihren Lautsprechern Töne zu entlocken, ist zudem eine Soundkarte notwendig.

Für die meisten Programme ist mindestens ein mit 66 MHz getakteter 486er PC nötig, wobei Sie besser einen Pentium, Pentium Pro oder Pentium II einsetzen, um die multimedialen Möglichkeiten nutzen zu können. Des weiteren muss Ihr PC über mindestens 16 Mbyte Hauptspeicher, besser aber 32 Mbyte und mehr verfügen.

RealPlayer G2

http://www.real.com

Auf der Website real.com steht der RealPlayer zum kostenlosen Download zur Verfügung. Allerdings wird permanent der kostenpflichtige RealPlayer G2plus eingeblendet und es bedarf einiger Hartnäckigkeit, bis man zur Website für den kostenlosen Player gelangt. Dann aber wird man durch eine verständliche deutschsprachige Installationsseite geführt. Auf der Website gibt es zusätzlich zahlreiche Links zu Filmen oder Musikaufnahmen, die mit dem RealPlayer abgespielt werden können.

Funktionen

Wenn Sie einen bestimmten Trailer anschauen möchten, dann geben Sie dessen Namen einfach in die integrierte Suchfunktion ein und der RealPlayer sucht dann automatisch nach dem gewünschten Clip. Sie haben die Möglichkeit, nach Titeln oder Schauspielern zu suchen.

Ein eigenes Archiv legen Sie sich an, indem Sie dem Menü *Favoriten* neue Angebote hinzufügen. Damit setzen Sie Lesezeichen auf die Filme und Clips, die Sie erneut erleben möchten.

Der RealPlayer zum Abspielen von Audio- und Videodaten

Media 4 Player

http://www.microsoft.com/windows/mediaplayer/en/default.asp

Der Media Player ist bereits im Microsoft Internet Explorer integriert und braucht nicht extra installiert zu werden. Um ihn jedoch im Netscape Navigator verwenden zu können, ist eine Installation notwendig. Der Media Player gehört zu den Streaming-Abspielgeräten, die Audio- oder Videodaten bereits beim Laden abspielen.

Filme für den Media 4 Player

http://windowsmedia.microsoft.com/

Auf einer eigenen Website geht es rund um die Video-Software von Microsoft. Wählen Sie aus den Bereichen Business, Computer, Entertainment, Familie, Fernsehen, Filme, Internationales, Kunst, Lifestyle, Musik, Nachrichten, Radio, Shopping, Sport, Technologisches oder Webkameras. Nachdem Sie sich für ein Gebiet entschieden haben, finden Sie dort weiterführende Informationen und Links.

QuickTimePlayer

http://www.apple.com/quicktime

Der QuickTimePlayer von Apple gehört zu den interessantesten Tools, die es im Internet kostenlos zu erwerben gibt. Auf der englischsprachigen Website steht der Movieplayer in der Windows- und Macintosh-Version zum Download zur Verfügung.

Voraussetzungen und Installation

Geben Sie darauf Acht, dass Sie die aktuelleste Version des QuickTime Player herunterladen. Gleichgültig, welches Betriebssystem Sie einsetzen, der Player unterstützt mit einer Version die Windows-Versionen 95, 98 und NT.

1. Doppelklicken Sie das Symbol für QuickTime und lassen Sie sich vom etwa 700K großen Installer durch den Installationsprozess führen.

2. Anschließend wählen Sie zwischen den Möglichkeiten einer minimalen, einer vollständigen oder einer individuellen Installation. Wenn Sie das Programm noch nicht kennen, sollten Sie sich für die vollständige Installation (engl. *full installation*) entscheiden.

3. Klicken Sie auf die Schaltfläche *Continue*, um den automatischen Download einzuleiten und die Installation abzuschließen.

4. Nach erfolgtem Download starten Sie QuickTime, um sich die gewünschten Trailer anzusehen. Wenn Sie noch keine passenden Filme dafür haben, suchen Sie am besten eine der hier genannten Filmseiten auf.

Abspielen eines Trailers im QuickTime Player

Websites zum Download von Film-Trailern

Neben zahlreichen Websites, auf denen ein paar wenige Trailer angeboten werden, gibt es solche, die ein umfangreiches Angebot präsentieren. Wenn Sie sich für ausgefallenere Themen interessieren, dann werden Sie wohl eher auf den Spezialseiten fündig als auf den Blockbuster-Websites.

▶ Schon gewusst?

»Teaser« bezeichnet den allerersten Trailer, den es zu einem Film gibt. Er soll Appetit machen und ist in der Regel nicht länger als 60 bis 90 Sekunden. Hingegen meint »Trailer« einen echten Kurzfilm, der etwa ein bis zwei Monate vor der eigentlichen Filmpremiere veröffentlicht wird. Ein Trailer dauert üblicherweise zwei Minuten und verrät bereits wesentlich mehr über den Inhalt des Films.

Trailer Park

http://www.movie-trailers.com/

Diese englischsprachige Website ist eine der Topadressen, wenn es um Film-Trailer geht. Der Onlineguide bietet ein beachtliches Filmarchiv, liefert Preview-Daten ebenso wie interessante Neuigkeiten aus der Film- und Entertainmentindustrie. In einer komfortabel gestalteten Datenbank lässt sich nach den gewünschten Titeln suchen. Hier finden Sie neben den neuesten Clips auch ältere Film-Trailer und zum Teil auch echte Raritäten.

Film

http://www.film.com/

Eine weitere englischsprachige Website, die neben erstklassigen Vorschauen auch ausgiebige Filmnachlese betreibt. Informiert wird hier über anstehende Festivals, außerdem lassen sich Interviews beliebter Stars und Regisseure abrufen. Ein Vorführraum,ein Shop und die Gelegenheit zur eigenen Filmkritik runden das Angebot ab.

Dark Horizons

http://www.darkhorizons.com/trailers

Dark Horizons bietet die gesamte Palette an neu angelaufenen Filmen in diversen Formaten an. Neben QuickTime-Format (mov) werden auch Video-for-Windows (AVI), MPG, Real Video oder VIVO Active (VIV) unterstützt. Mit »LR« (*low resolution*) und »HR« (*high resolution*) bezeichnet die verschiedenen Trailerversionen in höherer und minderer Qualität. Ein Symbol neben einem Film kennzeichnet einen besonders empfehlenswerten Trailer. Dark Horizons besticht durch die große Auswahl an Filmen im MOV-Format aus den Jahren 1997, 1998 und 1999. Für die Recherche in der Datenbank ist die Kenntnis des englischen Filmtitels unerlässlich. Falls Sie diesen nicht kennen, erfahren Sie ihn beispielsweise bei http://www.cinema.de. Dann aber steht Ihnen mit Dark Horizon ein exzellentes Filmarchiv zur Verfügung, wo neben Filmbeschreibungen und der Nennung der gesamten Filmcrew auch zahlreiche Filmausschnitte und Pressematerialien sowie Filmkritiken von Kinogängern nicht fehlen.

Umfangreiches Archiv an Film-Trailern verschiedener Formate

Star Wars

http://www.jedinet.com/multimedia/movies

http://www.wattosjunkyard.com/downloads.html

Große Fundgrube für zahlreiche Ausschnitte aus allen Star-Wars-Filmen. JarJar Binks darf ebensowenig fehlen wie Chewbawka und HanSolo, alle sind sie hier versammelt und warten mit einigen netten Überraschungen auf.

Film allgemein

Die umfangreichste Filmdatenbank

http://us.imdb.com/search

Über 150.000 Filmen sind hier katalogisiert. Die Suche erfolgt wahlweise nach verschiedenen Kriterien wie Titel des Films, Name des Schauspielers/der Schauspielerin, Name des Regisseurs/der Regisseurin usw. Noch gibt es keine bessere frei zugängliche Filmdatenbank im Internet. Registrierte Laienkritiker geben zu vielen Filmen ihre persönlichen Filmkritiken ab.

Wenn Sie wissen wollen, welche andere Filme Ihrem derzeitigen Lieblingsfilm in etwa entsprechen, dann versuchen Sie, bei http://www.moviefinder.com ähnliche Filme zu finden. Neben Filmkritiken wird dieser »Ähnlichkeitsservice« angeboten.

Deutschsprachige Filmübersicht

http://www.moviedata.de

In welcher Stadt läuft welcher Film? Was läuft im Kino meiner Nähe? Kann ich Karten vorbestellen? Auf derartige Fragen finden Sie bei Moviedata garantiert eine Antwort. Filmneuvorstellungen, Gewinnspiele und ein Fanshop runden das Angebot ab.

Drehbücher

http://www.script-o-rama.com

Über 600 englische Drehbücher von bekannteren und weniger bekannten Hollywood-Produktionen stehen hier zum Download bereit. Daneben gibt's auch einen Chatroom für Drehbuchautoren, eine Mailing-List und jede Menge weiterführender Links.

Film allgemein

http://www.film-dienst.de

Besprechungen aller Kino-, TV- und Videofilme aller aktuellen sowie vergangener Produktionen. Ein umfangreiches Online-Lexikon bereichert das Angebot.

Journale und Magazine

http://www.cinema.de

http://www.film.de

http://www.tvtoday.de

http://www.tvmovie.de

Die Kino- und TV-Zeitschriften sind mit einer Online-Version ihrer gedruckten Versionen im Web vertreten. Zahlreiche zusätzliche Angebote bereichern den jeweiligen Webauftritt.

Kurzfilmdatenbank

http://www.kurzfilm.de

Tolle Informationen zu Kurzfilmen, Kurzfilmfestivals und was es sonst noch Wissenswertes in diesem Zusammenhang gibt. Sehr hingebungsvoll gemachte Website und für Fans des Kurzfilms ein Muss.

Movieshop Reel.com

http://www.reel.com

Der führende Internet-Shop Reel.com besticht durch eine gigantische Auswahl an Videos und DVDs. Zudem lassen sich hier Hintergrundinformationen zu verschiedenen Filmen abrufen, um die Suche nach dem »richtigen Film« zu erleichtern. Das redaktionelle Angebot wird betreut von professionellen Drehbuchautoren, Filmstudenten, Videohändlern und sonstigen filmbegeisterten Menschen.

Filmstudios

Jedes Filmstudio, das etwas auf sich hält, ist im Internet mit einem mehr oder weniger aufwendigen Angebot vertreten. Die meisten bieten ihre Informationen nur in Englisch an, jedoch findet sich auch das eine oder andere deutschsprachige Angebot.

20Th Century Fox

http://www.foxfilm.de

Die 20Th Century Fox empfängt Besucher mit der bekannten Melodie und wartet mit einem umfangreichen deutschsprachigen Angebot auf. Filmneuvorstellungen, Gewinnspiele, Deutschlandpremieren, interessante Links und ein wertvolles Filmarchiv komplettieren die gelungene Website.

Bavaria Filmstudios

http://www.bavaria-film.de

Entschließen Sie sich zur virtuellen Filmtour oder informieren Sie sich über alle Produktionen der Bavaria Filmstudios. Auf den gut gemachten Seiten macht das Verweilen Spaß.

Website der Bavaria Filmstudios

Miramax

http://www.miramax.com

Aus der Werkstatt von Miramax stammen Filme wie »Shakespeare in Love«, »Das Leben ist schön« oder »Celebrity«. Auf dieser informativen Seite gibt's viel zu stöbern.

United International Pictures

http://www.uip.com/

http://www.uip.de

Auf den Seiten der UIP werden Hintergrundinformationen aktuell laufender Filme präsentiert. Die deutschsprachige Website empfängt Sie mit Musik und zeigt, was heute im Bereich Multimedia alles möglich ist. Entscheiden Sie sich, ob Sie diverse Plug-ins laden und so durch das Angebot stöbern oder ob Ihnen die schlichtere Art ebenfalls genügt.

Walt Disney Studios

http://www.disney.com

Die Website von Disney präsentiert sich knallig bunt und lässt nicht nur Kinderherzen höher schlagen. Filme, Musicals, Videospiele, Ideen für Kindergeburtstage und vieles mehr gibt es hier zu entdecken.

Warner Brothers Movies

http://www.movies.warnerbos.com

Vorstellung aller Eigenproduktionen. Filme, Videos und TV-Shows sowie ein Online-Shop runden das gelungene Angebot ab.

Filmorientierte Newsgroups

Eine Auswahl von Newsgroups, die sich mit dem Thema Film beschäftigen, finden Sie hier. Die Palette reicht vom allgemeinen Austausch neuester Produktionen, über cineastische Betrachtungen, bis hin zu poetischen Ergüssen ergebener Fans. Spezielle Websites zu Filmen oder Filmstars finden Sie am besten mit Hilfe der verschiedenen Suchmaschinen (siehe Kapitel 9).

Jede Menge Informationen zu Filmstars gibt's unter http://www.seeing-stars.com/

Newsgroup	Thema
alt.movies.hitchcock	Alfred Hitchcock und seine vielen Filme
alt.fan.barbra.streisand	Barbra Streisand
alt.fan.blade-runner	Blade Runner
alt.fan.brad-pitt	Brad Pitt
alt.movies.david-lynch	David Lynch und seine Filme
alt.fan.dune	Dune, Frank Herberts Science Fiction
alt.movies.titanic	Filme über den Untergang der Titanic
rec.arts.movies.past-films	Filmkunst vergangener Zeiten
alt.fan.starwars	George Lucas' Star Wars
alt.fan.harrison-ford	Harrison Ford
alt.movies.independent	Independent-Produktionen, unabhängige Filmemacher
alt.movies.indiana-jones	Indiana-Jones-Trilogie
alt.fan.james-bond	James Bond 007
alt.movies.john-carpenter	John Carpenter und seine Filme
alt.fan.keanu-reeves	Keanu Reeves
alt.fan.keanu-reeves.moderated	Keanu Reeves moderiert
alt.fan.lion-king	König der Löwen
alt.cult-movies	Kultfilme
alt.fan.leo-dicaprio	Leonardo DiCaprio
alt.movies.marilyn-monroe	Marilyn Monroe Movies
alt.fan.monty-python	Monty Python
alt.fan.natalie-portman	Natalie Portman
alt.movies.oliver-stone	Oliver Stone und seine Filme
alt.movies.orson-welles	Orson Welles und seine Filme
alt.movies.robert-deniro	Robert DeNiro

Newsgroup	Thema
alt.fan.actors	Schauspielerinnen und Schauspieler allgemein
alt.movies.stanley-kubrick	Stanley Kubrick und seine Filme
alt.movies.spielberg	Steven Spielberg und seine Produktionen
alt.movies.silent	Stummfilme
alt.movies.visual-effects	Visuelle Effekte

Wie bekomme ich Musik aus dem Internet?

Wenn im Zusammenhang mit dem Internet von Musik gesprochen wird, dann ist damit nicht nur die Möglichkeit gemeint, sich über Künstler informieren oder deren Produkte erwerben zu können, sondern neuerdings geht es vor allem um MP3 – die elektronische Wunderwaffe, die die Musikwelt revolutionieren wird. Auf den offiziellen MP3-Websites kann aus einer Fülle von Angeboten das Gewünschte gesucht, kurz angehört und heruntergeladen werden. Zumeist handelt es sich dabei um Material unbekannter Künstler, die auf diesem Weg die große Chance nutzen, sich einem breiteren Publikum vorzustellen, als dies über traditionelle Kanäle möglich wäre.

> ▶ **Was ist MP3?**
>
> MP3 ist ein Komprimierungsverfahren für Audiodaten und wurde von Wissenschaftlern des Fraunhofer Instituts in Erlangen entwickelt. Ursprüngliches Ziel war es, ein Verfahren zu entwickeln, das Audiodaten mit geringem Platzbedarf speichert. Die Abkürzung MP3 steht für Motion Picture Expert Group Audio Layer 3.

Der Siegeszug von MP3 war anfangs so nicht abzusehen, aber Musik, die jederzeit und kostenlos zur Verfügung steht, ist nur allzu verlockend und rief innerhalb kürzester Zeit alle namhaften Elektronikhersteller auf den Plan. Diese bieten mittlerweile zahlreiche mobile Abspielgeräte für MP3-Musik an. Freilich müssen die MP3-Daten zuerst auf die Festplatte des eigenen Rechners und dann auf CD gebrannt werden. Täglich werden etwa drei Millionen MP3-Daten aus dem Internet geladen, mit steigender Tendenz.

Dieser immense Durchsatz an Musik, an dem derzeit nichts verdient wird, ist natürlich der Musikindustrie ein Dorn im Auge. Deshalb schlossen sich über 100 Unternehmen zur Secure Digital Music Initiative (SDMI) zusammen, um zu versuchen, mit digitalen Wasserzeichen den kostenlosen Vertrieb von Musik zu unterbinden. Dieses alternative Datenformat nennt sich »Liquid Audio« und soll das Raubkopieren verhindern. Die weitere Entwicklung der konkurrierenden Verfahren bleibt spannend und wirft die Frage auf: Wer wird sich durchsetzen?

Vorerst können Sie aber unbesorgt MP3-Musik auf die Festplatte Ihres eigenen Rechners herunterladen und diese anhören. Allerdings dürfen Sie sie nicht auf einer Website veröffentlichen oder gar verkaufen.

Software zum Abspielen von MP3-Daten

Die meistbesuchten Websites zum Download von kostenloser MP3-Software sind http://www.mp3.com und http://mp3.lycos.com. Die Suchmaschine von Lycos findet auch noch die ausgefallensten Suchabfragen und die MP3-Website besitzt schon jetzt Kultstatus. Zum Abspielen der MP3-Dateien wird natürlich ein geeignetes Abspielgerät bzw. Software benötigt und Winamp erfreut sich da der größten Beliebtheit.

Winamp kurz nach der Installation

Winamp

http://www.winamp.com

Seit September bietet Nullsoft seinen MP3-Player als Freeware an. Besitzer von Windows-PCs erhalten mit Winamp einen leistungsfähigen MP3-Player. Laden Sie sich die 1,8 Mbyte große Software kostenlos auf die Festplatte Ihres Windows-PC. Anschließend steht Ihnen mit Winamp ein flexibler HiFi-Player zur Verfügung, der neben den Musik-Formaten MP3, CD, WMA, Audiosoft, Mjuice, MOD, WAV noch weitere Audio-Formate unterstützt. Diverse Audio-Effekte und Visualisierungen runden das Angebot ab. Titel und Länge der Songs sowie weitere Informationen lassen sich bequem verwalten.

> ### ▶ Was bedeutet Skin?
>
> Mit »Skin« wird das Layout des Winamp bezeichnet, das Sie selbst festlegen können. Eine stetig anwachsende Gruppe von Anwendern entwickelt neue Designs und tauscht diese untereinander aus. In der Übersetzung bedeutet Skin »Haut« und wie eine zweite Haut kann man sich diese verschiedenen Layouts auch vorstellen.

Sind Sie an regelmäßigen Informationen rund um den Winamp-Player interessiert? Dann abonnieren Sie eine der Winamp-Mailing-Listen oder diskutieren Sie mit anderen Winamp-Nutzern via E-Mail in der Mailing-Liste. Newsletter gibt es zu verschiedenen Themen: Winamp-Neuerungen, Shoutcast-Neuheiten, E-Mail-Diskussionen zu Shoutcast, E-Mail-Diskussionen zum Winamp-Skindesign oder Diskussionen über Plug-in-Entwicklungen.

Winamp mit Skin namens »Cold Fusion«

Winamp lässt sich kinderleicht installieren:

1 Doppelklicken Sie auf die Winamp-Datei mit der Endung *EXE*, die Sie aus dem Internet auf Ihren eigenen Rechner geladen haben.

2 Folgen Sie den Instruktionen, indem Sie auf die entsprechenden Schaltflächen klicken.

3 Entscheiden Sie sich für ein Verzeichnis, in das die Winamp-Daten gespeichert werden sollen.

4 Nachdem das Programm installiert wurde, können Sie Winamp starten.

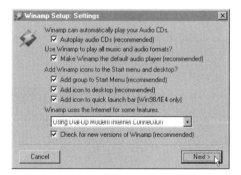

Installieren des Winamp

> ### ▶ MP3-Daten im Archiv
>
> Da ein MP3-Musikstück in etwa 3 bis 5 Mbyte groß ist, sammeln sich auf der Festplatte schnell riesige Datenmengen an, obwohl die Daten bereits komprimiert sind. Wer viel MP3-Daten aus dem Internet downlädt, ist mit einem CD-Brenner gut beraten, womit sich die Daten auf CDs brennen lassen.

Sonique

http://www.sonique.com

Windows-Anwendern steht mit Sonique ein weiterer MP3-Player zur Verfügung. Verschiedene Skins, Schnellstartmöglichkeiten und Unterstützung zahlreicher Musikformate sind auch hier garantiert.

MacAMP

http://www.macamp.net/

Für Apple-Macintosh-Anwender empfiehlt sich der MacAmp, mit dem ihnen ein komfortabel zu bedienender MP3-Player zur Verfügung steht. Die MacAmp-Website führt Sie gekonnt durch den kostenlosen Download, die Installation und informiert über diverse Besonderheiten der Software.

Software zum Abspielen anderer Musik-Formate

RealAudio-Player

http://www.realaudio.com

Mit Realaudio liegt ein weit verbreitetes Format zur Aufzeichnung von Audio-Daten vor. Der Nachteil von Realaudio besteht in der relativ geringen Soundqualität, dennoch setzen viele Websites auf dieses praktische Format. Wenn auf einer Website Realaudio-Daten integriert sind, dann spielt der RealAudio-Player diese sofort ab, sobald er auf sie stößt. Netscape Navigator 4.6 installiert den Realaudio-Player automatisch mit, für andere Browser und Versionen empfiehlt sich der kostenlose Download und die Installation des Players.

Der RealAudio-Player

RealJukebox

http://www.real.com

Auf Realcom steht die flexible Software zum kostenpflichtigen Download zur Verfügung. Die RealJukebox ist in der Lage, alle üblichen Musikformate abzuspielen. Daneben wandelt sie Formate von CD in Realaudio und MP3 um. Obendrein lässt sich mit der RealJukebox das Musikarchiv auf der Festplatte besser organisieren.

LiquidAudio-Player

http://www.liquidaudio.com

Die von der Industrie befürwortete Konkurrenz zu MP3. Um Liquid Audio-Daten abspielen zu können, wird der Liquid Player benötigt, den es nach erfolgter Registrierung zum kostenlosen Download auf der Website gibt. Ein englischsprachiger Assistent führt durch die Installation.

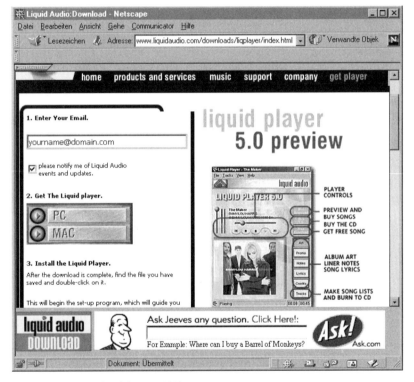

Website zum Download des Liquid Player

Websites, die MP3-Daten anbieten

MP3

http://www.mp3.com

Die Topadresse für alles, was mit MP3 zu tun hat. Die internationale Website liefert jede Menge MP3-Dateien und bietet unbekannten Künstlern eine Plattform, um die eigene Musik zu präsentieren. Wenn Sie über MP3 besser Bescheid wissen wollen, dann stöbern Sie im umfangreichen MP3-Lexikon oder lassen Sie sich vom englischen Beginners Guide führen.

MP3 – eine der meistbesuchten Websites im Internet

Deutschsprachige MP3-Website

http://www.mp3.de

Mit zahlreichen Hintergrundinformationen, ausführlichen Berichten und jeder Menge MP3-Daten zum Download wartet die deutschsprachige Website auf.

MP3 Newsletter

http://www.mp3planet.de/newsflash.htm

Alle zwei Tage erhalten Interessenten einen in HTML erstellten englischsprachigen Newsletter von MP3-Planet. Für Fans dieser neuen Technologie ein Muss.

Künstler finden

http://www.mp3-2000.com

In der stark frequentierten Datenbank von MP3 lassen sich namhafte wie unbekannte Künstler suchen und finden.

Suchmaschine für MP3-Daten

http://www.audiofind.com

Audiofind ist die Topadresse, wenn Sie bestimmte MP3-Stücke suchen. Verschiedene Suchkriterien stehen Ihnen zur Verfügung: die Suche nach Namen, nach Erscheinungsdatum oder nach Songtitel bzw. Dateinamen.

Musik nach Sparten

Für jede Musikrichtung gibt es irgendeine interessante Website, auf der MP3-Dateien zum Download zur Verfügung stehen. Hintergrundinformationen über Musiker, Songtexte oder anderes Wissenswertes runden die Angebote ab.

Musikrichtung	Web-Adresse
Hiphop	http://www.hiphopsite.com
	http://www.thesource.com
	http://www.sohh.com
Independent	http://www.b-site.de
	http://www.cimsmusic.com
	http://www.indieunite.com
Jazz	http://www.jazzonline.com
	http://www.jazznetz.de
	http://www.jazzthing.de
Klassik	http://www.klassik.com
	http://www.klassikopen.de
Reggae	http://www.reggaenode.de
	http://www.ireggae.com
	http://www.geocities.com/SoHo/Lofts/5271
Schlager	http://www.deutsche-schlager-charts.de
Techno	http://www.technoindex.com
	http://www.party.de
	http://www.techno.de
	http://www.paradoxon.com
	http://www.goa.de

Musik-Shops im Internet

Über das Internet lassen sich nicht nur Informationen über Künstler und ihre Musik abrufen, sondern deren Produkte auch vertreiben und erwerben. Einige der interessantesten Musik-Shops im Internet sind hier aufgeführt.

Callasong

http://www.callasong.de

Internetshop, in dem es neben MP3-Daten auch CDs und Merchandising zu kaufen gibt. Eine Vermarktung von Bands und Labels findet ebenfalls statt.

CD-Billig

http://www.cd-billig.de

Aktuelle Hits und alles aus den Charts zum Bestellen mit umgehender postalischer Zustellung. Das Angebot umfasst die Top-100-Longplay, Top-100-Singles und Top-30-Sampler.

CDNow

http://www.cdnow.com

Mittlerweile firmiert hier der ehemalige Music Boulevard gemeinsam mit CDNow. Sie stellen den weltweit größten Musik-Shop. Aus dem umfangreichen Angebot können Sie das Gewünschte über verschiedene Suchkriterien herausfinden: Name des Künstlers bzw. der Künstlerin, Bandname, Albumtitel, Songtitel oder Plattenlabel. Zahlreiche Hintergrundberichte, Pressestimmen, Songkritiken und Künstlervorstellungen komplettieren das Angebot.

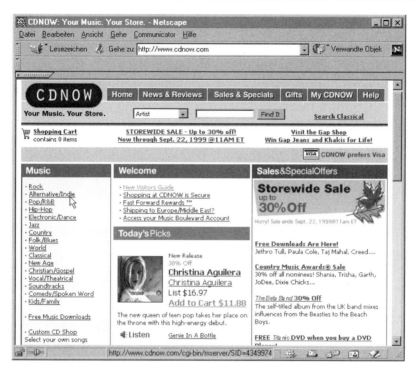

CDNow, der größte CD-Shop im Internet

CD-Station

http://www.cd-station.de

Teilweise überraschend günstige Sonderangebote, Geschenkservice, CD-Tipps und vieles mehr.

mov.a.bit

http://www.movabit.de/deutsch/index.htm

Das Hamburger Unternehmen vertreibt Musik und Audiodaten über das Internet und nutzt dazu die Technologie LiquidAudio. Der Service unterteilt sich in fünf Bereiche. Im *Trendpool* sollen unbekannte Bands und Musiker einem breiteren Publikum vorgestellt werden. In *Pitpool* treffen sich Verlage, Labels und Künstler, um hier ihre Werke zu vermarkten und zu verkaufen. An den Markt Business-to-Business wendet sich *Audiobites*. Im *Zeitarchiv* findet sich alles, was von zeitgeschichtlicher Bedeutung ist und im Audio-Format vorliegt. Bei *Literatur* gibt es Theatermitschnitte, Hörspiele oder Vorlesungen verschiedener Künstler.

Plattengalerie

http://www.plattengalerie.de

Musikgeschäft für CDs und LPs mit Angeboten aus den aktuellen Charts sowie interessante Importe und Neuvorstellungen.

Tamito

http://www.tamito.com

Umfangreiches Sortiment an Musik, Entertainment und sonstiger Unterhaltung.

Telekom

http://www.audio-on-demand.de

Die deutsche Telekom kooperiert mit den US-Giganten Universal und Warner in Sachen Musik. Aus einer mit mehr als 30000 Titeln gefüllten Datenbank können Sie sich heraussuchen, was Sie interessiert, und dann bestellen.

Konzerttickets im Internet

CTS Eurotickets

http://www.cts.de/

CTS ist der größte bundesweit agierende Vertrieb von Eintrittskarten aller Art. Über 350 Veranstalter umfasst das umfangreiche Veranstaltungsangebot. Gleichgültig, ob Sie für ein Pop-Konzert, ein Musical oder eine Sportveranstaltung ein Ticket suchen, hier werden Sie fündig. Und das Beste: Die Tickets lassen sich online bestellen.

Central-Tickets

http://www.central-tickets.de/

Central-Tickets wartet mit einem aktuellen regionalen Veranstaltungskalender, Fanshop und einer »Listening-Area« auf.

TV- und Radiosender im Internet

Nahezu alle Sendeanstalten präsentieren sich auch im Internet mehr oder weniger umfangreich, bietet sich doch hier die Gelegenheit, das eigene Programm zu ergänzen und Zuschauer und Hörer gleichermaßen an das hauseigene Angebot zu binden. Üblicherweise wählen die TV- und Radiosender als Adresse im Web ihren jeweiligen Markennamen. Auf der Suche nach Anstalten, die Sie hier nicht aufgelistet finden, geben Sie einfach deren Namen in die Adresszeile des Browsers ein und in der Regel wird das gewünschte Angebot aufgerufen.

TV-Musiksender im Internet

TV-Sender	URL
MTV	http://www.mtvhome.de/home.html
	http://www.mtv.com
New Musical Express	http://www.nme.com
Q	http://www.qonline.co.uk
Ultimate Band List	http://www.ubl.com
VH-1	http://www.vh1.de

MTV im World Wide Web

Radiostationen im Internet

Radiosender	URL
Auflistung aller Radiosender im Bundesgebiet	http://www.radioweb.de
Bayern 3	http://www.bayern3.de
Fritz – Innovatives Radio aus Berlin/Brandenburg	http://www.fritz.de/
Hit Radio FFH	http://www.ffh.de/001.html
Plattenlabel der Beastie Boys, Propellerheads & Co.	http://www.grandroyal.com
Südwestrundfunk	http://www.swr-online.de/

Wie steht's mit der Sicherheit im Internet?

Allgemeines zur Sicherheit

Der unbekannte Internet-Nutzer

Prinzipiell sind Sie im Internet anonym. Es ist technisch unmöglich für den Betreiber eines Web-Angebots, Ihre Identität festzustellen, es sein denn, Sie geben sie ihm freiwillig bekannt.

Viele Websites arbeiten mit sogenannten *Cookies* (Kekse), mit deren Hilfe sie einen Besucher über längere Zeit identifizieren können. Dies ist z.B. erforderlich, wenn Sie in einem Internet-Shop verschiedene Produkte in einem sogenannten Warenkorb sammeln, um sie später in einem Durchgang zu bestellen. Auch hier gilt: Solange Sie Ihren Namen nicht angegeben haben, ist es für den Anbieter unmöglich, Ihre Identität festzustellen.

> ▶ **Keine Angst vor Cookies**
>
> Cookies sind Datenblöcke, meist nur wenige Bytes groß, die in den Konfigurationsdateien des Browsers gespeichert werden. Durch Cookies kann Ihnen definitiv kein Schaden entstehen. Allerdings können Website-Betreiber mit Hilfe von Cookies Ihre Wege auf einer Website aufzeichnen und daraus Ihre Interessen ableiten. Da Cookies im Browser deaktiviert werden können, verlassen sich die meisten kommerziellen Websites nicht darauf und benutzen andere Verfahren zur Besucherregistrierung

Das offene Netz

Wenn Sie Ihren Rechner mit dem Internet verbinden, sind Sie vollwertiger Teilnehmer des Internets. Das bedeutet, dass Sie mit jedem beliebigen Rechner im Internet Kontakt aufnehmen und Daten übertragen können. Umgekehrt kann aber auch jeder beliebige Internet-Nutzer unter den folgenden Voraussetzungen mit Ihrem Rechner Kontakt aufnehmen:

 Um mit Ihrem Rechner Kontakt aufzunehmen, muss dessen Internet-Adresse bekannt sein. Wenn Sie ein Modem oder eine ISDN-Karte verwenden, dann ist diese Adresse wahrscheinlich nicht mal Ihnen selbst bekannt. Allerdings wird Ihre Adresse bei jedem Zugriff auf einen fremden Computer als »Visitenkarte« mitgegeben.

Auf Ihrem Rechner muss ein sogenanntes Server-Programm laufen, das eine Kontaktaufnahme aus dem Internet erlaubt. In einer Standardkonfiguration von Windows 95/98 wird keine solche Server-Anwendung installiert.

> ▶ **Schon gewusst?**
>
> Programme wie ICQ (siehe Kapitel 10), die ja explizit den Kontakt zwischen Internet-Nutzern unterstützen, betreiben einen hohen technischen Aufwand, um diese beiden Beschränkungen zu umgehen.

Sicherheit im Netz

Die oben genannten Beschränkungen führen dazu, dass es praktisch unmöglich ist, ohne Ihr Wissen Daten von Ihrem Rechner abzufragen oder gar Schaden in Ihrem System anzurichten. Dennoch muss an dieser Stelle betont werden, dass es eine hundertprozentige Sicherheit nicht gibt, denn in einem so komplexen technischen System wie einem modernen Rechner ist es unmöglich, alle denkbaren und undenkbaren Sicherheitslücken zu stopfen.

Diese Tatsache und ein gewisser Hacker-Mythos führen dazu, dass einige Internet-Nutzer geradezu eine Paranoia gegen Angriffe aus dem Netz entwickelt haben. Bevor Sie sich davon anstecken lassen, sollten Sie bedenken, dass Ihr Computer weder eine Herausforderung für Hacker darstellt, wie z.B. das Pentagon, noch Daten speichert, die für irgendeine fremde Person von Interesse oder Nutzen sind.

Anders verhält sich dies natürlich in öffentlich bekannten Firmen, die durchaus schützenswerte Daten besitzen.

> ▶ **Achtung!**
>
> Mit dem Herunterladen von ausführbaren Dateien, die die Endung .exe tragen, sollten Sie äußerst vorsichtig umgehen. In den sogenannten EXE-Dateien können sich Computer-Viren verstecken, die beim Start der damit ausgelösten Anwendung aktiv werden. Wenn Sie absolut sicher gehen wollen, dann laden Sie sich die EXE-Datei auf Ihren eigenen PC, lassen diese Datei jedoch zuvor von einem aktuellen Programm zur Virenerkennung scannen. Erst wenn kein Virus gefunden wurde, öffnen d.h. starten Sie die EXE-Datei.

Aktive Inhalte und Viren

Java, JavaScript und Co.

Die Zeiten, in denen Internet-Angebote ausschließlich aus Text und statischen Bildern bestanden, sind lange vorbei. Die meisten Websites wollen ihren Besuchern mehr bieten und entwickeln ansprechendere und leichter zu bedienende Websites.

Dazu ist es notwendig, dass Programme auf Ihrem Rechner ausgeführt werden, was zu einer Reihe von Sicherheitsproblemen führt. In der Regel treffen Sie auf folgende Programme:

 JavaScript ist eine Programmiersprache, die direkt in den HTML-Code eingetragen wird. Fast alle interaktiven Animationen, z.B. ein Menüpunkt, der aufleuchtet, wenn Sie den Mauszeiger darüber bewegen, sind in JavaScript programmiert. JavaScript wird vom Browser ausgeführt, d.h. Sicherheitslücken treten nur durch Programmfehler im Browser auf.

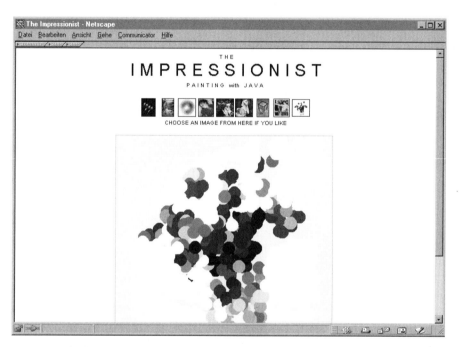

Ein Java Applet (http://reality.sgi.com/grafica/impression)

 Java-Applets sind Programme, die aus dem Internet geladen werden und anschließend vom Browser ausgeführt werden. Java-Applets laufen in einer sogenannten Sandbox, die keinerlei Zugriffe auf Ihren Rechner erlaubt. Trotz einiger aufgedeckter und bereits behobener Sicherheitslücken gelten Java-Applets als sicher.

ActiveX-Programme sind normale Windows-Programme, die vom Browser automatisch installiert werden und beliebige Operationen auf Ihrem Rechner ausführen können. Da dies enorme Sicherheitsprobleme aufwirft, haben sich ActiveX-Programme nicht recht durchsetzen können.

Aktive Inhalte lassen sich über die Sicherheitseinstellungen des Browsers deaktivieren (siehe Kapitel 3).

Gefahr aus dem Netz

Während sich die Gefahren durch aktive Inhalte mit Sicherheitskonzepten und Browser-Einstellungen eindämmen lassen, ist gegen die Unbedarftheit der Anwender kein Kraut gewachsen.

Denn jedes Programm, das aus dem Internet geladen und auf dem eigenen Rechner ausgeführt wird, kann dort nahezu beliebigen Schaden anrichten. Seien Sie also skeptisch bei kostenlosen Programmen, die von Firmen oder Privatleuten angeboten werden, denen Sie nicht vertrauen können. Sicher ist dagegen der Download von Software großer Firmen wie Microsoft, Netscape usw., die einen Ruf zu verlieren haben.

Bei Programmen, die Ihnen per E-Mail zugeschickt wurden, sollten Sie besonders vorsichtig sein. Hier werden oft Viren im Schneeballverfahren verschickt, so dass es nichts hilft, wenn Sie den Absender persönlich kennen. Schließlich wissen Sie nicht, von wem dieser das entsprechende Programm erhalten hat.

▶ Fehlalarm!

E-Mails mit Warnungen vor virus-verseuchten E-Mails (»Microsoft hat gerade bekanntgegeben...«), sogenannte **Hoaxes** (Fehlalarm), können Sie getrost ignorieren, da es sich dabei immer nur um einen mehr oder weniger lustigen Scherz handelt. Vor allem sollten Sie solche E-Mails auf keinen Fall weiterverbreiten, denn es ist technisch unmöglich, durch eine E-Mail irgendwelche Aktionen auf Ihrem Computer auszulösen. Dies gilt nicht für die oben erwähnten, an die E-Mail angehängten Programme, die allerdings explizit (und meist nach einer Sicherheitsabfrage des E-Mail-Programms) gestartet werden müssen.

Viren

Entgegen aller Vorsicht kann es passieren, dass Sie sich einen Virus einfangen. Zunächst mal keine Panik: Die meisten Viren tun gar nichts, sondern nerven höchstens, oft durch Sekundäreffekte wie ständige Virusmeldungen unter Windows 95/98. Generell gilt aber: Verhält sich Ihr Rechner merkwürdig, kann das an einem Virus liegen.

▶ Was sind Viren eigentlich?

Viren sind Programme, die sich selber vermehren, sobald sie ausgeführt werden. Der Trick: Ein Virus installiert sich an eine Stelle im Computersystem, an dem er immer wieder ausgeführt wird, ohne dass es der Anwender merkt. Dies ist z.B. der Bootsektor einer Diskette, ein anderes »normales« Programm oder ein Dokument mit Makrofunktion wie Word-Dokumente. Viren, die sich über das Internet verbreiten, sind aber darauf angewiesen, vom Anwender zumindest einmal explizit ausgeführt zu werden.

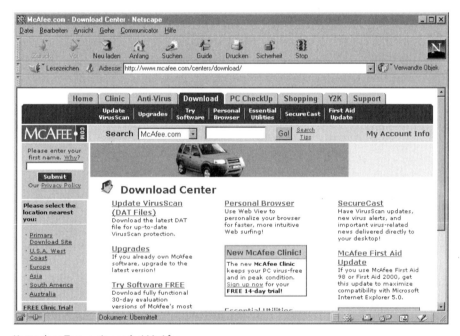

Kostenlose Testversionen bei McAfee

Virenschutzprogramme gibt es inzwischen in großer Zahl und oft gehören Sie zur Grundausstattung eines Rechners. Wenn Sie kein Virenschutzprogramm besitzen, dann können Sie aus dem Internet unter http://www.mcafee.com/centers/download eine Testversion der Software *Virusscan* laden, mit deren Hilfe Sie Ihren Rechner von fast jedem Virus säubern.

Einkaufen im Netz

Das Internet bietet nicht nur eine Fülle von Informationen, sondern ermöglicht es auch, Einkäufe bequem vom eigenen Rechner aus zu erledigen. Einkaufen im Internet ist dabei nichts anderes als der seit Jahrzehnten bekannte Versandhandel, mit dem einzigen

Unterschied, dass Sie die Waren nicht aus einem Katalog, sondern online am Bildschirm aussuchen.

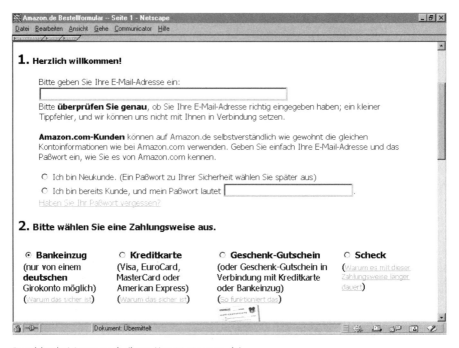

Bezahlen bei Amazon.de (http://www.amazon.de)

Auch die viel diskutierten Sicherheitsprobleme stellen sich im Internet nicht viel anders dar als im Versandhandel. Wenn Sie können, sollten Sie auf Rechnung zahlen, da hier der Verkäufer das ganze Risiko trägt. Meistens wird allerdings die Kontonummer oder eine Kreditkarte verlangt. Bei Barzahlung haben Sie zumindest die Möglichkeit, das Geld zurückzuholen, falls Sie z.B. die Ware nicht erhalten haben.

Die Möglichkeit des Missbrauchs von Kreditkarten- oder der Kontonummer ist im Internet eigentlich auch nicht größer als im sonstigen täglichen Leben. So hat es ein Kellner in einem Restaurant wesentlich einfacher, an Kreditkartennummern heranzukommen als ein Hacker, der Internet-Verbindungen »belauscht«. Kreditkarten sind nun mal ein unsicheres Zahlungsmittel, das viele aus Bequemlichkeit dennoch häufig nutzen.

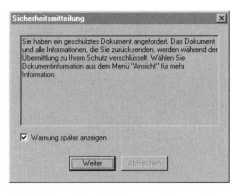

Sicherheitsmeldung im Netscape Communicator

Trotzdem schaden ein paar Vorsichtsmaßnahmen beim Online-Shopping nicht. Jeder ernst zu nehmende Shop sollte den Vorgang des Bezahlens über eine verschlüsselte Verbindung durchführen. Sowohl der Netscape Communicator als auch der Internet Explorer zeigen an, wenn eine verschlüsselte Verbindung besteht. Diese garantiert nicht nur, dass niemand die übertragenen Daten abhören kann, sondern vor allem, dass Ihre Informationen auch dort landen, wo sie hingehören.

E-Mails signieren und verschlüsseln

Die virtuelle Postkarte

Es ist kein Geheimnis: Eine unverschlüsselte E-Mail ist mindestens so leicht lesbar wie eine Postkarte. Da sie meist nicht wissen, welchen Weg eine E-Mail durch das Internet nimmt, können Sie sich nie sicher sein, ob jemand mitliest. Schlimmer noch: Jeder, der Zugriff auf eine E-Mail hat, kann sie verändern und weiterschicken, ohne dass der Empfänger etwas davon bemerkt. Zudem ist es mit geringstem Aufwand möglich, E-Mails mit falschem Absender loszuschicken.

Allen diesen Problemen kann man durch Signatur und Verschlüsselung begegnen. Sowohl der Netscape Communicator als auch Outlook Express bieten hierzu das S/MIME-Verfahren an.

▶ *Ganz schön privat ...*

Alternativ kann auch das ebenfalls sehr verbreitete Programm PGP, d.h. **Pretty Good Privacy** (recht gute Privatsphäre) verwendet werden. Informationen hierzu finden Sie unter http://www.pgp.com. Dieses stammt vom Kryptographie-Guru Phil Zimmermann und wird inzwischen kommerziell von der Firma Network Associates (http://www.nai.com) vertrieben.

S/MIME liegt genauso wie PGP eine asymmetrische Verschlüsselung mit einem öffentlichen Schlüssel (engl. *public key*) und einem privaten (geheimen) Schlüssel (engl. *private key*) zu Grunde. Dabei gilt, dass Daten, die mit dem öffentlichen Schlüssel kodiert sind, nur mit dem privaten Schlüssel dechiffriert werden können. Umgekehrt lassen sich mit dem privaten Schlüssel kodierte Daten nur mit dem öffentlichen Schlüssel entschlüsseln.

Während der private Schlüssel nur Ihnen bekannt bzw. kennwortgeschützt auf Ihrer Festplatte gespeichert sein sollte, können Sie Ihren öffentlichen Schlüssel so bekannt machen wie möglich. Jeder, der Ihren öffentlichen Schlüssel besitzt, kann mit diesem eine E-Mail chiffrieren, die dann nur Sie alleine mit Ihrem privaten Schlüssel lesen können. Wenn Sie eine E-Mail verschlüsseln wollen, benötigen Sie den öffentlichen Schlüssel des Empfängers.

Mit demselben Verfahren können Sie eine E-Mail digital unterschreiben. Dazu wird aus dem Text der E-Mail ein sogenannter *Fingerprint* erzeugt, der mit Ihrem privaten Schlüssel kodiert wird. Der Empfänger dekodiert den Fingerprint mit Ihrem öffentlichen Schlüssel und vergleicht ihn mit dem Text der E-Mail. Passen Fingerprint und E-Mail zusammen, dann ist der Empfänger sicher, dass die E-Mail von Ihnen stammt. Dieser Vorgang läuft natürlich vollautomatisch innerhalb des E-Mail-Programms ab.

Letzteres setzt natürlich voraus, dass der Empfänger sicher ist, dass der öffentliche Schlüssel auch wirklich von Ihnen kommt. Dazu wird dieser mit demselben Verfahren von einer Zertifizierungsstelle signiert, die das Vertrauen des Empfängers besitzt. Dort kann er nachfragen, ob ein öffentlicher Schlüssel gültig ist und wirklich von der entsprechenden Person stammt. Leider lassen sich die Zertifizierungsstellen ihre Dienstleistungen bezahlen. Auch dies führen die E-Mail-Programme automatisch durch.

Praktischerweise speichern sowohl der Netscape Communicator als auch Outlook Express eingegangene öffentliche Schlüssel in einer Datenbank. Diese können Sie dann wiederum nutzen, um den entsprechenden Personen verschlüsselte E-Mails zu schreiben.

Beantragen einer digitalen Signatur

Um einen öffentlichen und privaten Schlüssel zu erzeugen, müssen Sie ein entsprechendes Zertifikat bei einer Zertifizierungsstelle beantragen. Sowohl der Netscape Communicator als auch Outlook Express bieten eine Funktion, mit der Sie ein solches Zertifikat online beantragen können. Zum Ausprobieren gibt es ein zeitlich begrenztes Zertifikat, nach der Probezeit muss eine Gebühr per Kreditkarte bezahlt werden. Da es bislang keine deutschen Zertifizierungsstellen gibt, ist der ganze Prozess in englischer Sprache gehalten.

So geht's im Netscape Communicator

 Klicken Sie auf das Symbol *Sicherheit* in der Symbolleiste, woraufhin die Sicherheitseinstellungen des Netscape Communicators angezeigt werden.

 Klicken Sie im linken Bereich auf den Eintrag *Eigene*.

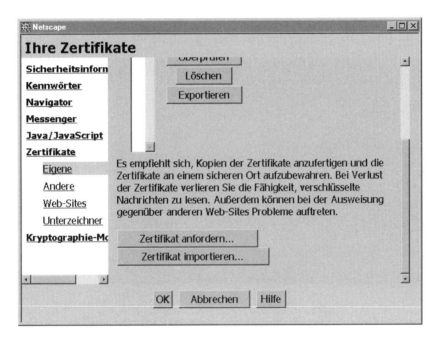

Sicherheitseinstellungen des Netscape Communicators

 Um ein neues Zertifikat anzufordern, klicken Sie auf die Schaltfläche *Zertifikat anfordern*.

 Es wird eine Website aufgerufen, auf der verschiedene Zertifikattypen beantragt werden können. Der Eintrag *Secure Email ID* bezieht sich bereits auf das Verschlüsseln und Signieren von E-Mails, weshalb Sie nur die Schaltfläche *Go* anklicken müssen, um das Zertifikat zu beantragen.

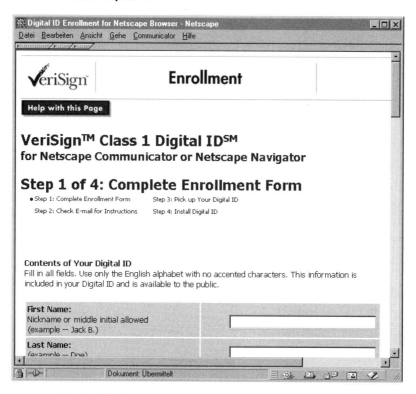

Antrag auf ein Zertifikat bei Verisign (http://www.verisign.com)

 Anschließend folgen Sie den Anweisungen auf der Verisign-Website. Da Ihre E-Mail-Adresse verifiziert werden muss, wird Ihnen per E-Mail ein Code zugeschickt, den Sie dann wieder auf der Verisign-Website angeben müssen. Die Generierung der Schlüssel erfolgt dann vollautomatisch.

So geht's in Outlook Express

1 Öffnen Sie Outlook Express und wählen Sie *Optionen* im Menü *Extras*.

2 Wechseln Sie auf die Registerkarte *Sicherheit*.

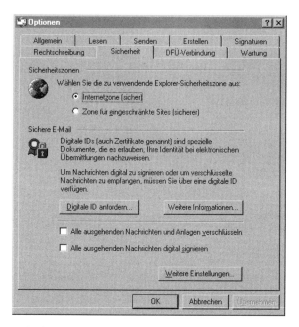

Sicherheitseinstellungen von Outlook Express

3 Um ein neues Zertifikat anzufordern, klicken Sie auf die Schaltfläche *Digitale ID anfordern*. Sie werden dann zur Microsoft-Website geleitet.

4 Auf der Microsoft-Website können Sie die Zertifizierungsstelle auswählen, bei der Sie ein Zertifikat beantragen. Alle von Microsoft aufgelisteten Zertifizierungsstellen werden von den meisten Benutzern anerkannt, so dass sich deren Zertifikate zum Verschlüsseln und Signieren von E-Mails eignen.

5 Wählen Sie hier das gewünschte Zertifikat aus.

Schreiben von signierten und verschlüsselten E-Mails

So geht's im Netscape Communicator

 Wenn Sie eine E-Mail schreiben und diese signieren und/oder verschlüsseln wollen, dann klicken Sie auf das unterste Register in der E-Mail-Adresszeile (siehe folgende Abbildung).

Anzeige einer signierten und verschlüsselten E-Mail im Netscape Messenger

 Markieren Sie die entsprechenden Kontrollkästchen *Verschlüsselt* und/oder *Unterzeichnet* (Signiert). In der Statuszeile des Nachrichtenfensters werden dann ein erleuchtetes Schloss und oder ein Etikett angezeigt.

Um alle E-Mails zu verschlüsseln oder zu signieren, gehen Sie folgendermaßen vor:

 Öffnen Sie die Sicherheitseinstellungen, indem Sie auf die Schaltfläche *Sicherheit* in der Symbolleiste klicken.

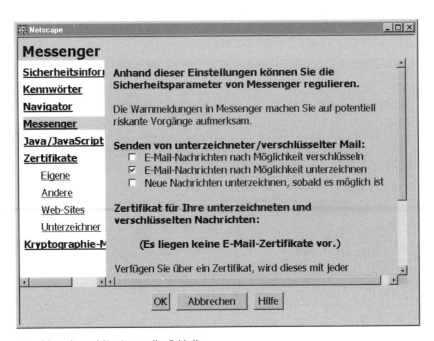

Verschlüsseln und Signieren aller E-Mails

2 Markieren Sie im linken Bereich den Eintrag *Messenger*.

3 Markieren Sie die entsprechenden Optionen. Beachten Sie, dass Sie zum Verschlüsseln von E-Mails den öffentlichen Schlüssel des Empfängers benötigen.

So geht's in Outlook Express

1 Um eine E-Mail zu signieren, wählen Sie in dem Menü *Extras die Option Signieren*. Rechts neben den Adressfeldern wird dann ein rotes Siegel angezeigt.

2 Um eine E-Mail zu verschlüsseln, wählen Sie *Verschlüsseln* im Menü *Extras*. Rechts neben den Adressfeldern wird dann ein blaues Schloss angezeigt.

Wenn Sie die für die Signatur bzw. zum Verschlüsseln benötigten Zertifikate nicht haben, wird vor dem Senden eine Fehlermeldung angezeigt.

3 Um alle E-Mails zu signieren und/oder zu verschlüsseln, wählen Sie *Optionen* im Menü *Extras*.

4 Wechseln Sie auf die Registerkarte *Sicherheit*.

5 Markieren Sie die entsprechenden Einstellungen im unteren Bereich des Dialogfelds. Beachten Sie, dass für die Verschlüsselung einer E-Mail der öffentliche Schlüssel des Empfängers benötigt wird.

A

ABC
Siehe: *Dateiformate*

ADSL
Nachfolgetechnologie des ISDN, die Daten um ein Vielfaches schneller überträgt.

Anhang
Engl. *attachment*
Auch: Anlage, Anhängsel
Einer E-Mail lassen sich beliebige Dateien anhängen. Gleichgültig, ob es sich dabei um eine Bild-, Text- oder Ton-Datei handelt, stets bilden diese Beigaben den Anhang und lassen sich separat auf dem eigenen Rechner ablegen oder von dort einer E-Mail hinzufügen.

ARC
Siehe: *Dateiformate*

ARJ
Siehe: *Dateiformate*

Artikel
Auch: Beitrag, Newsgruppenbeitrag, Newsgruppennachricht, Posting
Die Veröffentlichungen in Newsgroups werden analog zu Beiträgen in Zeitungen gleichfalls als Artikel bezeichnet. Die Newsgroup-Artikel stehen auf den News-Servern weltweit allen Interessierten zur Verfügung.

Attachment
(Anhängsel)
Siehe: *Anhang*

At-Zeichen – @
Auch: Klammeraffe
Aus der Kaufmannssprache stammendes Zeichen, mit dem 1972 erstmals gültige E-Mail-Adressen gebildet wurden.

Authentifizierung
Sich ausweisen – vergleichbar mit dem Vorzeigen des Personalausweises. Beim Austausch sensibler Daten empfiehlt sich die Authentifizierung.

AVI
Siehe: *Dateiformate*

B

Bit
Die kleinste Speichereinheit, die in der EDV genutzt wird.

BMP
Siehe: *Dateiformate*

Bookmark
(Lesezeichen)
Siehe: *Lesezeichen*

Browser
Auch: Webbrowser
Software, die das Navigieren in einem Hypermedia-System wie dem Internet (und Intranet, Extranet) ermöglicht und die das Aussehen von Text und Grafik bestimmt. Browser sollten zumindest einer Version des HTML-Standards entsprechen (→ *HTML*). Die bekanntesten Browser mit der meisten Verbreitung sind Netscape Navigator und Microsoft Internet Explorer. Der Name leitet sich ab vom englischen Verb *to browse*, das soviel heißt wie »stöbern, blättern«.

C

Cache
(Speicher; wörtl. Lager)
Bezeichnet die Möglichkeit, Daten auf dem PC zwischenzuspeichern. Aus diesem Zwischenspeicher kann der Browser einmal abgerufene Daten schneller wieder laden.

CERN
Akronym für franz. *Centre Européen de Recherche Nucléaire* (europäisches Zentrum für nukleare Forschung)
Europäisches Labor für Elementarteilchenphysik in der Schweiz, welches um 1990 der Geburtsort des Web war.

Client
(Klient, Kunde)
Siehe auch: *Server*
Ein Programm auf Computern im Netzwerk, das den Zugang zu Daten auf dem Server ermöglicht. Beispielsweise sind »Browser« Clients im Web.

Chat

(Geplauder, Plauderei)
Zusammenkunft mehrerer Anwender, d.h. Surfer bzw. Chatter an einem bestimmten Ort bzw. in einem Chatroom. Dort können sich die Teilnehmer in Echtzeit miteinander unterhalten.

Cookies

(Plätzchen)
Dienen der Speicherung von Benutzerdaten. Cookies setzen sich auf der Festplatte des Benutzers fest, wobei sich der Grad der Speicherung jedoch in modernen Browser-Versionen festlegen und eingrenzen lässt. Mit Hilfe von Cookies sind Website-Anbieter in der Lage, ihre Besucher bei weiteren Besuchen wiederzuerkennen und die Wünsche der Anwender bzw. der potentiellen Kunden besser kennen zu lernen.

Crossposting

Versenden eines Newsgroup-Beitrags in mehreren Newsgroups, indem in der Empfängerzeile mehrere Adressen eingegeben werden. Crosspostings sind nicht besonders beliebt bei den Anwendern des Usenet.

D

Dateiformate

Dateiformat	Programmtyp	Bedeutung
.abc	E-Mail	Adressbuchdatei einer Internet-Mail.
.arc	Komprimierung	Dient dem Komprimieren und Archivieren von Dateien.
.arj	Komprimierung	Dient dem Komprimieren und Archivieren von Dateien unter DOS.
.avi	Audio und Video	Akronym für engl. *Audio Video Integration*. Von Microsoft entwickeltes Verfahren zur gemeinsamen Speicherung von Ton- und Bildsequenzen in einer Datei. Im Internet Explorer ist das notwendige Plug-In zur Interpretation der AVI-Dateien integriert (siehe Kapitel 12).
.bmp	Grafik	Diverse Grafikprogramme sind in der Lage, die Grafik-Dateien als sogenannte Bitmaps abzuspeichern. Bilddaten lassen sich als Bitmaps abspeichern. Ihre Dateigröße ist meist sehr groß, weswegen im Internet den Formaten »jpg« und »gif« der Vorzug gegeben wird.
.doc	Text	Alle aktuellen Microsoft-Word-Versionen. In Word erstellter Text wird als Dokument (engl. *Document*) abgespeichert.
.exe	Anwendungen	Alle Dateien, die auf einem Rechner ein Programm ausführen können, sind EXE Dateien. Mit der Endung alleine ist nicht klar, um welche Art der Anwendung es sich handelt. Mit Dateien des Typs EXE muss äußerst vorsichtig umgegangen werden. Es empfiehlt sich dringend, einen Virus-Check durchzuführen, bevor eine solche Datei geöffnet bzw. gestartet wird.

Dateiformat	Programmtyp	Bedeutung
.gif	Grafik	Diverse Grafikprogramme ermöglichen die Speicherung als GIF-Datei. Das ursprünglich von der Firma CompuServe entwickelte Grafik-Format produziert Bilder mit kleinem Speicherbedarf. Verantwortlich für die geringe Größe der GIF-Bilder ist unter anderem die Beschränkung auf nur 256 Farben.
.htm oder .html	Web, E-Mail	Akronym für engl. *HyperText Markup Language*. Netscape Editor, Microsoft FrontPage oder Homesite, um nur einige zu nennen, erzeugen HTML-Dokumente. Der sichtbare Anteil des Web besteht aus einer Vielzahl von HTML-Dateien. Je nach Servertyp und eingesetzter Software wird ein Hypertextdokument mit der Endung »htm« oder »html« abgespeichert. In einigen Mail-Programmen können die Nachrichten auch im HTML-Format verfasst und gelesen werden.
.jpg	Grafik	Von der *Joint Photographic Experts Group* entwickeltes standardisiertes Speicherungsverfahren, das sich besonders zur Komprimierung von Fotografien eignet. Allerdings leidet bei JPEG die Qualität der komprimierten Bilder, d.h. sie werden leicht verschwommen, mit unscharfen Kanten dargestellt, allerdings mit geringem Speicherbedarf.
.ldif, .ldaf	E-Mail	Datenaustauschformat.
.mov	Audio und Video	Von Apple Macintosh entwickeltes Format zum Abspielen von Filmen. QuickTime läuft sowohl auf Macs wie auf Windows-PCs (siehe Kapitel 12).
.mpg	Audio und Video	Von der *Motion Pictures Experts Group* entwickeltes Verfahren zur Speicherung von Filmsequenzen.
.rm	Audio und Video	Akronym für engl. *Real Media*. Ein Film in diesem Format lässt sich bereits während des Downloads ansehen (siehe Kapitel 12).
.sit	Komprimierung	Kurz für engl. *stuff it*. Ein Verfahren zur Komprimierung von Software, die auf einem Apple Macintosh läuft.
.tif	Grafik	Diverse Grafikprogramme ermöglichen die Speicherung als TIF-Datei. Verfahren zur Speicherung von Rasterbildern vor allem zum Einsatz in gedruckten Produkten.
.txt	Text, E-Mail	Ältere Microsoft-Word-Versionen und andere Textverarbeitungen. Bei Dateien mit dieser Endung handelt es sich stets um Dateien, die nur Text ohne Formatierungsanweisungen enthalten. In den Mail-Programmen Eudora Pro und Eudora Light werden E-Mails als TXT-Dateien gespeichert.

Dateiformat	Programmtyp	Bedeutung
.viv	Audio und Video	Wenn ein Video im Streaming-Format vorliegt, dann lässt sich der Film nur ansehen, während das Video noch geladen wird. Der Vorteil einer sofortigen Bildausstrahlung wird dadurch abgeschwächt, dass sich solche Videos weder speichern noch archivieren lassen.
.vrm oder .vrml	Web	Akronym für engl. *Virtual Reality Modelling Language*. Mit Hilfe von VRML lassen sich im Web künstliche 3D-Welten kreieren.
.wav	Audio und Video	Format zur Speicherung und Wiedergabe von Tönen.
.zip	Komprimierung	Verschiedene Programme zur Datenkomprimierung erzeugen ZIP-Dateien, beispielsweise Pkzip, Pkunzip oder Winzip. Daten werden im Internet üblicherweise in komprimierter Form versendet, um nicht unnötig Ressourcen zu verbrauchen. Bei Erhalt einer komprimierten Datei muss diese erst dekomprimiert werden, bevor sie betrachtet bzw. weiterverarbeitet werden kann. Weit verbreitet ist das Windows-Programm Winzip.

Datenübertragungsprotokoll
Siehe: *FTP*

DFÜ
Abkürzung für »Datenfernübertragung«
Datenverkehr, der über das Internet oder andere Netzwerke stattfindet.

DOC
Siehe: *Dateiformate*

Domain
(Domäne, Gebiet, Bereich)
Auch: Domäne
Gruppe von Rechnern, die unter einem gemeinsamen Domain-Namen zusammengefasst sind. Der Rechner www.mut.de gehört z.B. der Domain »mut.de« an. Der Name des Rechners selbst lautet dann »www«.

Download
(Herunterladen)
Siehe: *Herunterladen*

E

Einwahlknoten
Jeder Internet-Provider stellt seinen Kunden einen Einwahlknoten zur Verfügung, über den diese sich mit dem Internet verbinden können.

E-Mail
Elektronische Post, die im Internet blitzschnell übertragen wird.

Emoticon

Symbol, das aus verschiedenen Satz- und Sonderzeichen besteht und hilft, einen Gemütszustand zu verdeutlichen. Um ein Emoticon zu interpretieren, müssen diese gedanklich um 90 Grad nach rechts gedreht werden. Ein Freude ausdrückendes Emoticon besteht aus einem Doppelpunkt, einem Strich und schließender runder Klammer, also :-).

Ende-Tag

Siehe auch: *HTML, Start-Tag*

Schließt ein HTML-Element ab. Es besteht aus einer öffnenden spitzen Klammer, einem Schrägstrich, dem Namen des abzuschließenden Elements und einer schließenden spitzen Klammer, etwa </H2>.

EXE

Siehe: *Dateiformate*

Expire

Beim Download von Newsgroup-Beiträgen kann es vorkommen, dass anstelle des gewünschten Artikels nur die Meldung »Expire« erscheint. Diese Meldung weist darauf hin, dass der Artikel veraltet ist und nicht länger vom News-Server angeboten wird.

F

FAQ

Akronym für engl. *Frequently Asked Questions* (häufig gestellte Fragen)

Eine Zusammenstellung von Standard-Fragen und Antworten zu einem Thema. Es empfiehlt sich, stets die FAQs eines Webangebots zu studieren, bevor man möglicherweise dort bereits beantwortete Fragen stellt.

Favoriten

Siehe: *Lesezeichen*

Fileserver

Rechner, auf dem Dateien zum Download zur Verfügung stehen.

Firewall

Sicherheitsvorkehrung in Netzwerken zum Schutz der internen Daten vor Zugriffen von außerhalb.

Follow-Up

Die Antwort auf einen Newsgroup-Artikel wird als Follow-Up-Artikel oder Follow-Up bezeichnet.

Formatvorlage
Engl. *style sheet*
Ein Set an Formatierungsregeln für einen bestimmten Abschnittstyp. Eine Formatvorlage wird benannt und über diesen Namen den gewünschten Abschnitten zugewiesen. Der Vorteil bei der Verwendung von Formatvorlagen liegt darin, dass Formatänderungen nur noch einmal – nämlich in der Vorlage – vorgenommen werden müssen und sich somit viel Zeit sparen lässt. Formatvorlagen im Internet werden auch als *Cascading Style Sheets* (CSS) bezeichnet.

Frame
(Rahmen; Anordnung)
Eine Struktur in *HTML*, die ein Browser-Fenster in mehrere Bereiche unterteilt. Ein solcher Frame kann ein Bild, einen Text oder auch eine ganze Website enthalten. Durchgesetzt haben sich Frames zur dauerhaften Angabe eines Inhaltsverzeichnisses.

FTP
Akronym für engl. *File Transfer Protocol* (Datenübertragungsprotokoll)
Dieses Protokoll wird zum Dateiaustausch zwischen verschiedensten Rechnern unterschiedlichster Plattformen verwendet. FTP zeichnet sich durch seine hohe Zuverlässigkeit, Schnelligkeit und Plattformunabhängigkeit aus.

G

GIF
Akronym für engl. *Graphics Interchange Format* (Grafikformat zum Austausch von Daten)
Mit Hilfe dieses Formats lassen sich Daten weitestgehend verlustfrei komprimieren (verkleinern). Ursprünglich stammt GIF vom kommerziellen Anbieter CompuServe, es ist nun im Internet zur Übertragung und Speicherung von Grafiken weit verbreitet.

Gopher
Vorläufer des *WWW*, der Informationen in einer streng menüorientierten, textbasierten Form darstellt.

H

Herunterladen
Engl. *download*
Aus dem Internet lässt sich eine unüberschaubare Fülle von Daten auf die Festplatte des eigenen Rechners herunterladen. Nach Angabe der gewünschten Stelle in der Verzeichnisstruktur beginnt die Datenübertragung, der sogenannte Download. Große Dateien liegen oftmals in komprimierter Form vor. Aus dem Internet lassen sich z.B. Text, Bilder, Filme und Musik herunterladen.

Homepage
(wörtl. Heimseite)
Siehe auch: *Website*
In *HTML* erstellte Dokumente, die zu einer Person, einem Unternehmen oder einer Organisation gehören und diese im Web präsentieren. Zugleich ist mit Homepage auch die erste bzw. oberste Seite einer Web-Präsenz gemeint.

HTML
Akronym für engl. *HyperText Markup Language* (Hypertextbeschreibungssprache)
Plattformunabhängiges Format zur Erstellung von Webinhalten. Mittels HTML lässt sich zwar die Struktur, nicht aber das endgültige Layout einer Website festlegen. Zur Anzeige von HTML-Seiten ist ein Browser notwendig. Die flexible und verlässliche Beschreibungssprache zeichnet für den Erfolg des World Wide Web verantwortlich.

HTML-Editor
Siehe auch: *HTML*
Software zum einfachen Erstellen von Websites. Bekannte HTML-Editoren sind z.B. Microsoft FrontPage Editor, Homesite oder Netscape Composer.

HTTP
Akronym für engl. *HyperText Transfer Protocol*
Client/Server-Protokoll, über das im World Wide Web HTML-Dokumente (→ *HTML*) übertragen werden.

Hyperlink
Siehe: *Link*

Hypertext
Text, der nicht nur linear gelesen wird, sondern zudem auch Querverweise enthält, über die sich andere Stellen im Text bzw. andere Seiten aufrufen lassen. Im Web ist Hypertext in *HTML* geschrieben und die Sprünge zwischen den Seiten werden üblicherweise durch unterstrichene Textteile, Icons oder Symbole markiert. Neben textuellen Querverweisen können auch Grafiken, Tabellen, Diagramme, Bilder und andere Binärdaten als Hypertext dienen.

I

ICQ
Software und Service, mit dessen Hilfe Menschen weltweit in Echtzeit kommunizieren und Daten austauschen können. Die Besonderheit von ICQ besteht zudem darin, dass die teilnehmenden Menschen darüber informiert sind, welche ihrer eigenen Kontakte gerade online sind.

IAE-Stecker
Auch: Westernstecker
Zum Anschluss digitaler Endgeräte an eine ISDN-Leitung wird ein IAE-Stecker benötigt.

IMAP
Akronym für engl. *Internet Message Access Protocol*
Beim Übertragen der E-Mails auf den eigenen PC mit diesem Protokoll werden diese nicht vom Mail-Server gelöscht, sondern sie bleiben dort so lange gespeichert, bis sie explizit entfernt werden. Der Vorteil dieser Technologie liegt darin, dass arbeitsplatzunabhängig auf die eigenen E-Mails zugegriffen werden kann, auch wenn diese bereits abgerufen wurden. Wenn häufig an zwei verschiedenen Arbeitsplätzen E-Mails abgerufen werden müssen, dann ist es sinnvoll, hierfür IMAP einzusetzen, da an beiden Orten stets alle Nachrichten erneut abgerufen werden können.

Internet
Abkürzung für engl. *Internetworking*
Weltweit größter internationaler Verbund nicht kommerzieller Natur. Das Internet ist aus dem seit 1969 verfügbaren ARPAnet (Advanced Research Projects Agency Networks) hervorgegangen. Über Telefon- und Standleitungen tauschen auf der ganzen Welt private Computer und ganze Computernetzwerke miteinander Daten aus.

Internet-by-Call
Spezielle Anbieter ermöglichen einen Zugang zum Internet, ohne eine Registrierung zu verlangen oder eine Grundgebühr zu erheben.

Intranet
Analog zum Internet benanntes firmeninternes Netzwerk, in dem alle Dienste des Internets (WWW, E-Mail, FTP etc.) genutzt werden können, aber eben nicht weltweit, sondern nur innerhalb des abgeschlossenen Firmennetzwerks.

IP
Akronym für engl. *Internetworking Protocol* (Protokoll zwischen Netzwerken)
Protokoll, das die Übertragung von beliebigen Datenpaketen erlaubt. Das Besondere an IP ist, dass der Zusammenschluss von vielen lokalen Netzwerken zu einem großen Netzwerk – dem Internet – möglich wird.

IP-Adresse
Eindeutige, numerische Kennung eines Rechners im Internet von 32 Bit Länge. Üblicherweise werden IP-Adressen als vier durch Punkte getrennte Zahlen von 0 bis 255 angegeben, z.B. 195.143.134.2

ISDN
Digitale Telefonleitung, über die sich Daten verschicken lassen.

J

Java
Von Sun Microsystems entwickelte Programmiersprache, die plattformunabhängig funktioniert. Sie ist eine sogenannte objektorientierte Programmiersprache. Oft wird Java auch innerhalb von Webseiten in Form von »Applets« eingesetzt.

JavaScript

Von Netscape Communications erfundene Makro-Sprache für Webbrowser zur Erstellung kurzer Scripte, die direkt in HTML-Seiten (→ *HTML*) eingebaut werden können. Allerdings ist die Bezeichnung »Java« etwas irreführend, da JavaScript mit Java außer der Webtauglichkeit nichts gemein hat.

JPG

Siehe: *Dateiformate*

K

Kabelmodem

Modem zur Übertragung von Daten über ein Fernsehkabel. Diese Methode ist um ein Vielfaches schneller als ISDN.

L

Lesezeichen

Engl. *bookmark*
Auch: Favoriten
Als Lesezeichen oder auch Favoriten bezeichnet man die Funktion, mit der sich URLs speichern und klassifizieren lassen. Von Netscape Lesezeichen oder engl. *bookmarks* genannt, heißt sie bei Microsoft Favoriten bzw. engl. *favorites*. Beide meinen jedoch dasselbe: Die Möglichkeit, beliebte Seiten selbst zu organisieren und stets per Mausklick zur Verfügung zu haben. Für eine aktuelle Anzeige ist jedoch eine *Online*-Verbindung zum Internet notwendig.

LDIF, LDAF

Siehe: *Dateiformate*

Link

Auch: Hyperlink, Querverweis
Ein Link ist eine Textstelle oder eine Grafik, die auf ein anderes Dokument oder auf eine andere Textstelle oder Grafik im selben Dokument oder auf ein entfernt liegendes Dokument verweist. Durch Anklicken eines Hyperlinks wird die entsprechende Website oder Textstelle im Browser angezeigt. Zu erkennen sind Links dadurch, dass der betreffende Text unterstrichen ist. Wenn es sich bei einem Link um eine Abbildung handelt, dann verändert sich der Mauszeiger in eine zeigende Hand, sobald er über einen Link bewegt wird.

M

MOV

Siehe: *Dateiformate*

MPG
Siehe: *Dateiformate*

N

Newsgroup
Auch: Newsgruppe, Diskussionsforum
Weltweit gibt es zahlreiche Newsgroups, sogenannte »Nachrichtenforen«, in denen Menschen über ein gemeinsames Thema diskutieren. Der Austausch in Newsgroups lebt von den an den Diskussionen teilnehmenden Menschen.

NNTP
Akronym für engl. *Network News Transfer Protocol*
Ein auf der Basis von TCP/IP aufbauendes Protokoll, das der Übertragung von Newsgroup-Beiträgen dient.

O

Offline
(nicht verbunden)
Zustand, bei dem ein Computer nicht in Verbindung mit anderen Rechnern steht.

Online
(verbunden)
Zustand, bei dem ein Computer in Verbindung mit anderen Rechnern, etwa den Netzknoten des Internets, steht.

Online-Dienst
Internet-Provider, der neben dem reinen Internet-Zugang auch vorgefertigte, kundeneigene Inhalte bietet, wie beispielsweise T-Online und AOL.

P

Page
(Seite)
Weit verbreitete Bezeichnung für ein in *HTML* geschriebenes Dokument. Allerdings kann eine »Page« weitaus umfangreicher sein als eine auf Papier gedruckte »Seite«.

Plug-In
Software-Baustein, der eine andere Software (z.B. Browser) ergänzt, indem über eine definierte Schnittstelle neue Funktionen zur Verfügung gestellt werden.

Pixel
Kunstwort aus *Picture* und *Element* (Bildpunkt)
Kleinste, benennbare Einheit auf dem Bildschirm oder Drucker.

POP3
Akronym für engl. *Post Office Protocol 3*
Protokoll, das den E-Mail-Empfang von einem Mail-Server auf die Festplatte des eigenen Rechners regelt. Die E-Mails werden dabei auf den PC übertragen und anschließend auf dem Mail-Server wieder gelöscht. Dies ist der größte Unterschied zum Protokoll *IMAP*. Der POP3-Server kann als eine Art »persönlicher Briefkasten« betrachtet werden, da hier die die neuen E-Mails zum Abruf parat liegen. POP3 wird stets in Kombination mit *SMTP* eingesetzt.

Posting
Artikel in einer Newsgroup. Das Veröffentlichen eines Artikels in einer Newsgroup wird als *posten* bezeichnet.

Push-Technologie
Verfahren, bei dem Informationen auf den Rechner des Benutzers »gedrückt« werden. Bisher hat sich jeder Internet-Nutzer die gewünschten Informationen selbst geholt (Pull-Technologie). Mittlerweile kann er sich mit den gewünschten Informationen versorgen lassen und »Channels abonnieren«. Beispiel: Börsenkurse, aktuellste Nachrichten, Sportergebnisse uvm.

Q

Quote oder Quoting
(Zitat)
Diskussionsforen leben davon, dass es zahlreiche Antworten auf Meinungsäußerungen gibt. Um die Verständlichkeit einer Antwort auf einen Newsgroup-Artikel zu erhöhen, wird der ursprüngliche Text als solcher gekennzeichnet und beigefügt. Traditionsgemäß wird jeder zitierten Zeile das Zeichen > vorangestellt.

R

RGB, RGB-Modell
Verwendet verschiedene Prozentanteile aus Rot, Grün und Blau. Für jede Teilfarbe existieren 256 Intensitätsabstufungen von Schwarz bis zur vollen Intensität der jeweiligen Farbe.

RM
Siehe: *Dateiformate*

S

Search Engine
Siehe: *Suchmaschine*

Server
(Diener, Dienstanbieter)
Siehe auch: *Client*
In einem WAN oder einem Verbund von WANs, wie es das Internet darstellt, bieten Server Dienstleistungen an, etwa das Versenden und Weiterleiten von E-Mails oder die Recherche in Datenbanken. Der Server stellt den Clients die Dienstleistungen zur Verfügung.

Shareware
Kunstwort aus engl. *to share* und *Software* (Software teilen)
Anwendungen, die für einen bestimmten Zeitraum kostenlos genutzt und weitergegeben werden dürfen. Anschließend fällt eine meist geringe Registrierungsgebühr zur dauerhaften Nutzung an.

SIT
Siehe: *Dateiformate*

SMTP
Akronym für engl. *Simple Mail Transfer Protocol*
Protokoll, das die Weiterleitung von E-Mails zwischen Rechnern im Internet regelt. Vom Mail-Programm wird *SMTP* meist auch für das Senden der E-Mails verwendet – für den Empfang ist *POP3* oder *IMAP* zuständig.

Suchmaschine
Engl. *search engine*
Ein auf Datenbanken beruhendes Programm, über das im Internet nach Informationen gesucht werden kann.

Surfen
Erforschen des Internets, indem durch Anklicken der *Links* von Webseite zu Webseite gesprungen wird.

Start-Tag
Siehe auch: *HTML*
Leitet ein HTML-Element ein. Vor dem Namen des Elements steht eine öffnende spitze Klammer, danach können ein oder mehrere Attribute stehen und diese werden mit einer spitzen Klammer geschlossen. Beispiel: <HTML>

T

Tag
(Schildchen; Zusatz)
Auch: HTML-Tag
Siehe auch: *HTML, Start-Tag, Ende-Tag*
Damit werden in *HTML* die einzelnen Elemente ausgezeichnet. Ein Tag besteht immer aus einem Paar spitzer Klammern und der dazwischen stehenden Information.

TCP/IP

Akronym für engl. *Transmission Control Protocol (over) Internetworking Protocol*
Sammlung von Protokollen, über die im Internet die verschiedenen Systeme miteinander Daten austauschen. TCP übernimmt dabei den Auf- und Abbau der Verbindungen zwischen den einzelnen Arbeitsstationen und steuert den Datenfluss. IP ist dagegen für die Adressierung der Daten verantwortlich.

Thread

Auch: Diskussionsfaden
Bezeichnet die Gesamtheit aller zu einem Thema (der ursprünglichen Frage) gehörenden Beiträge in einer Newsgroup.

TIF

Siehe: *Dateiformate*

TXT

Siehe: *Dateiformate*

U

UIN

Akronym für engl. *Universal Internet Number*
Universelle Internet-Nummer, die von ICQ vergeben wird. Alle, die via ICQ in Kontakt treten, verfügen über eine eindeutige Internet-Nummer, über die sie erreicht werden können.

Usenet

Internationales Nachrichtennetz, das offen, selbstbestimmt und dezentral organisiert ist. Der Begriff de-Usenet wird verwendet, um sich explizit auf den deutschsprachigen Bereich des Usenets zu beziehen.

URL

Akronym für engl. *Uniform Resource Locator* (gleichförmiger Quellen-Lokalisierer)
URL steht für eine Art Zeiger, der auf Daten, sei es ein Web-Dokument, *FTP* oder *Gopher*, ein Posting im *Usenet* oder ein Datensatz in einer Datenbank, zeigt. Der Browser benötigt diese universelle, konsistente Methode zum Auffinden von Informationen im Netz und den Zugriff darauf. Eine jede URL gibt es genau einmal auf der Welt und sie setzt sich aus dem Server-Namen, der exakten Verzeichnisangabe und dem zu verwendenden Protokoll zusammen.

V

Verweis

Siehe: *Link*

VIV

Siehe: *Dateiformate*

W

WAV
Siehe: *Dateiformate*

Website
Die Gesamtheit aller auf einem Server gespeicherten Webseiten, die in einem zusammengehörenden Webangebot integriert sind.

Wildcard
Bezeichnet einen Platzhalter, ein Zeichen, das für eines oder mehrere andere Zeichen stehen kann. Die universellste Wildcard ist der Asterisk (*).

Winzip
Populäres Programm zur Komprimierung (Verkleinerung) und Dekomprimierung von Dateien. Große *Anhänge* oder Dateien für das *Herunterladen* von Websites werden häufig mit verkleinert, so dass die Übertragung weniger Zeit in Anspruch nimmt.

WWW
Akronym für engl. *World Wide Web* (Weltweites Netz)
Bestandteil des Internets. Unter WWW wird die Gesamtheit aller in *HTML* erstellten und mit HTTP übertragenen Hypertext-Dokumente verstanden. Das World Wide Web erlaubt den Zugriff auf Dokumente, die auf weltweit verteilten Servern gespeichert sind. Diese Dokumente können sowohl reine Texte als auch Hypertext-Dokumente sein, aber auch jegliche in digitaler Form gespeicherte Daten, z.B. digitalisierte Videoclips. Um die Dokumente ansehen zu können, wird ein *Browser* benötigt. Das Web selbst hat keinen zentralen Index oder Start-Punkt, es gibt keine zentrale Einrichtung, die es kontrolliert. Es gibt jedoch mit dem W3-Konsortium (http://www.w3c.org) ein Gremium, das die Weiterentwicklung des WWW zu steuern versucht.

Z

ZIP
Siehe: *Dateiformate*

Stichwortverzeichnis